KAIFA
ZHONGXIAOXUESHENG
XUEXI QIANLI DE QIAOMEN

开发中小学生
学习潜力的窍门

余霞 编著

发现和创造新知识的能力是推动现代社会发展的关键。为了实现自我的终身学习和创造活动，我们的重点必须从"学会"走向"会学"，即培养一种创新性学习能力。本书详细介绍了开发中小学生学习潜力的窍门。

中国出版集团
现代出版社

图书在版编目（CIP）数据

开发中小学生学习潜力的窍门／余霞编著 . — 北京：
现代出版社，2012. 3（2025 年 1 月重印）
ISBN 978 - 7 - 5143 - 0524 - 1

Ⅰ . ①开… Ⅱ . ①余… Ⅲ . ①中小学生 – 学习方法
Ⅳ . ①G632. 46

中国版本图书馆 CIP 数据核字（2012）第 022292 号

开发中小学生学习潜力的窍门

编　　著	余　霞
责任编辑	张桂玲
出版发行	现代出版社
地　　址	北京市安定门外安华里 504 号
邮政编码	100011
电　　话	010 – 64267325　010 – 64245264（兼传真）
网　　址	www. 1980xd. com
电子信箱	xiandai@ vip. sina. com
印　　刷	三河市人民印务有限公司
开　　本	710mm×1000mm　1/16
印　　张	13
版　　次	2012 年 3 月第 1 版　2025 年 1 月第 9 次印刷
书　　号	ISBN 978 – 7 – 5143 – 0524 – 1
定　　价	49. 80 元

善学者师逸而功倍 (代序)

有这样一则寓言故事：

每天当太阳升起来的时候，非洲大草原上的动物们就活动起来了。狮子妈妈教育自己的小狮子说："孩子，你必须跑得再快一点，再快一点，你要是跑不过最慢的羚羊，你就会活活地饿死。"在另外一个场地上，羚羊妈妈也在教育自己的孩子说："孩子，你必须跑得再快一点，再快一点，如果你不能比跑得最快的狮子还要快，那你就肯定会被它们吃掉。"

动物如此，人也一样。人的一生需要不断进取，如果你不具有持续学习的意识，不积极主动地去改变自己，那么，你必将会被这个时代所淘汰。

我们正身处信息化时代，这无疑对我们在接受、选择、分析、判断、评价、处理信息的能力方面，提出了更高的要求。今天又是一个知识经济的时代，这又要求我们必须紧跟科技发展前沿，不断推陈出新。你将成为一个什么样的人，最终将取决于你对学习的态度。

美国未来学家阿尔文·托夫勒说过："未来的文盲不是不识字的人，而是没有学会怎样学习的人。"罗马俱乐部在《回答未来的挑战》研究报告中指出，学习有两种类型：一种是维持性学习，它的功能在于获得已有的知识、经验，以提高解决当前已经发生问题的能力；另一种是创新性学习，它的功能

1

在于通过学习提高一个人发现、吸收新信息和提出新问题的能力，以处理未来社会日新月异的变化。

要在现代社会竞争中取胜，仅仅抓住眼下时机，适应当前的社会是远远不够的，还必须把握未来发展的时机。因此，发现和创造新知识的能力是引导现代社会发展的关键。为了实现自我目标，我们必须从"学习"走向"学会"，即培养创新性学习能力。

学会怎样学习，比学习什么更重要。学会学习是未来最具价值的能力。"学会学习"，更多的是从学习方法的意义上说的，即有一个"善学"与"不善学"的问题。"不善学，虽勤而功半"；"善学者，师逸而功倍"。善于学习、学习得法与不善于学习、学习不得法会导致两种不同的学习效果。所以，掌握正确的学习方法显得更为重要。

学习的方法林林总总，不胜枚举，本丛书从不同角度对它们进行了阐述。这些方法既有对学习态度上的要求，又有对学习重点的掌握；既有对学习内容的把握，又有对学习习惯的培养；既有对学习时间的安排，又有对学习进度的控制；既有对学习环节的掌控，又有对学习能力的培养等等。本丛书理论结合实际，内容颇具有说服力，方法易学易行，非常适合广大在校学生学习。

掌握了正确的方法，如同登上了学习快车，在学习中就可以融会贯通、举一反三，从而大幅度提高学习效率，在各学科的学习中取得明显的进步。

热切期望广大青少年朋友阅读本丛书后，学习成绩、学习能力都有所提高。

本丛书编委会

目　录

引　言

我们经常见到这样的情况，有些智力很好的学生，其学习成绩却一般；而有些智力一般的学生，其成绩却优良。这是由于有些学生的学习潜力没有得到很好的开发的缘故。每位学生都应该通过最大限度的努力，将自己的潜力开发出来，才能实现最大的自我价值。

学习潜力的开发，是针对所有学生而言的，并不是说成绩差的学生需要开发学习潜力；而成绩较好的学生就没有学习潜力可以开发了。科学研究表明，人人都有巨大的潜力可以开发，当然包括学习潜力的开发。而学习潜力的开发中，尤其应该注意右脑学习潜力的开发，这是由于人的左右脑分工不同造成的。只有将左右脑的智力潜力都尽可能地开发出来，学生才能取得理想的成绩。

影响学生学习潜力开发的因素有很多，而其中最为关键的是自我认识、心态、信心、信念。一个人如果不能很好地认识自我，就无法对自己进行正确的定位，也就会失去潜力开发的根基，并且也会与其他几个方面的因素发生共同作用，影响学习潜力的开发。心态对于学习潜力的开发，甚至人生的成功与否都起着极大的制约作用，积极的心态有利于学习潜力的开发，而消极的心态则会阻碍学习潜力的开发。信心与学习潜力的开发关系密切，一个充满自信的人更容易激发自己的学习潜力，取得较好的成绩，而缺乏自信的学生，则可能在同等条件下取得不如意的成绩。信念，则是一个人对于学习的目标和未来的成功所持有的一种强烈的愿望，它与学习潜力的开发联系很紧密，信念可以激发一个人的学习潜力，但是同时要注意的是，不良的信念也可能毁灭一个人的学习潜力，因此，要特别谨慎处理信念与学习潜力的关系。

学习潜力的开发可以分为多个方面，与中小学生学习生活密切相关的有记忆能力、阅读能力、思维能力等方面的学习潜力开发。没有一个好的记忆力，任何知识的学习都会遇到困难，因此，开发记忆潜力就显得非常必要。现在的社会是一个知识爆炸的时代，拥有快速阅读的能力，是时代对人才的基本要求。掌握创新思维的方法，不断开拓自己的思维潜力，则是中小学生在未来立于不败之地的必经之路。

另外，学习潜力的开发不应该只是一句空话，它应以科学合理的学习方法为依托。针对学生学习潜力开发的各个方面，我们介绍了感官学习法、联系学习法、创造学习法、合作学习法等具体的学习方法。这些方法都需要学生根据自己的情况，选用适合自己的方法，以实现对自身学习潜力的有效开发。

第一章　每个人都有无限学习潜力

　　人的潜力，泛指人的潜在能力，是尚未被开发利用的能量、能力，是没有外显化、实际化的能力。学习潜力是与学习活动紧密相连的、尚未被激发的、尚未被实际化的能力，是每个人都有的潜在的学习能力。学习潜力来源于人的生理、心理潜力，特别是来源于脑潜力。学习潜力既孕育在先天的遗传因素中，又与后天的生存环境及文化背景有着重要的联系。

第一节　潜力的秘密

　　潜力是人类原本具备却忘了使用的能力，也就是存在但却未被开发与利用的能力。潜力深藏在我们的深层意识当中，也就是我们的潜意识。所谓的潜意识指的就是潜藏在我们一般意识底下的一股神秘力量，又称"右脑意识""宇宙意识"。潜意识内聚集了人类数百万年来的遗传基因层次的资讯，它囊括了人类生存最重要的本能与自主神经系统的功能与宇宙法则，即人类过去所得到的所有最好的生存情报，都蕴藏在潜意识里，因此只要懂得开发这股与生俱来的能力，几乎没有实现不了的愿望。

　　潜在意识的世界，是超越三度空间的超高度空间世界。潜意识一经开启，将和宇宙意识产生共鸣，宇宙资讯就会以图像方式

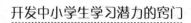

浮现出来，心灵感应等能力也将一一出现。爱因斯坦把第四度空间定位为"时间和空间合而为一的世界"，这项说法在现实世界固然难以想象，但在潜在的世界则可能存在。每一个人都具备潜意识的存在，只是过去并没有这种体认。潜意识的发现始自催眠术。现代催眠术的原始形态是奥地利维也纳的医师佛朗兹·安东·梅斯梅尔所创立。但是第一次提出人类具有潜在意识学说的人，是弗洛伊德。

根据维也纳大学康士坦丁·凡·艾克诺摩博士估算，人类的脑神经细胞数量约有 1500 亿个，脑神经细胞受到外部的刺激，会长出芽，再长成枝（神经元），与其他脑细胞结合并相互联络，促使联络网的发达，于是开启了资讯电路，然而人类有95%以上的神经元处于未使用状态，这些沉睡的神经元如果能够被唤醒，几乎人人都可以变成"超人"。

如果将人类的整个意识比喻成一座冰山的话，那么浮出水面的部分就是属于显意识的范围，约占意识的5%，换句话说，95%隐藏在冰山底下的意识就是属于潜意识的力量。就算是像爱因斯坦、爱迪生等的天才人物，一生中也不过运用了不到他们潜意识力量的2%。因此，任何人不论你聪明才智的高低，成功背景的好坏，也不论你的愿望多么的高不可攀，只要懂得善用这股潜在的能力，就一定可以将你的愿望具体的在你的生活中实现。

潜意识如同一部万能的机器，任何愿望都可以办得到，但须要有人来驾驶它，而这个人就是你自己，只要你有心控制，只让好的印象或暗示进入潜意识就可以了。潜意识大师墨菲博士说过："我们要不断地用充满希望与期待的话，来与潜意识交谈，于是潜意识就会让你的生活状况变得更明朗，让你的希望和期待实现。"只要你不去想负面的事情，而选择有积极性、正面性、建设性的事情，你就可以左右你自己的命运。

人的潜力，往往是深藏不露的，不仅社会上无从知晓，即使是本人也心中无数。尽管如此，人的潜力却可以通过各种形式显现出来，从而为人们所发现，其中，直觉和灵感就是其显现的特殊形式，有的则可以通过激发与诱发等方式，从深藏不露之处开发出来。

因此，一个人的潜力能否得到充分发挥或发展，很大程度上取决于潜力各方面因素之间的有机组合、协调。比如，一个人若对其所从事的职业是他感兴趣的（兴趣因素），并且认为是有价值的，值得去做的（动机因素），而且又有能力去做（能力因素），同时又适合去做（个性因素），那么他就会做得更好，或者说，他的潜力就可以被充分地发挥出来。由此可见，发现自己的潜力、开发潜力极为重要。

第二节　人人都有巨大的潜力

人的潜力犹如一座待开发的宝藏，蕴藏无穷，价值无比，而我们每个人都有一座潜力的宝藏。

潜力很神秘，它就如地层深处的泉水一样，当未曾开掘时，它周而复始地在地下幽暗无声地潺流，无声地消耗着自己的活力。蛰伏在生命体中的潜力是不可想象的巨大，只要看一看人遇到危机时的反应就知道了：急中生智，那智慧会突然千百倍地进发而出，绝处逢生，那力量会突然千百倍地涌流而出。生命的潜力接近无极限状态，人生的使命就是激发潜力，为自己的潜力找到喷涌的出口。

任何一个大脑健康的人与一个伟大科学家之间，并没有不可跨越的鸿沟，他们的差别只是用脑程度与方式的不同，而这个鸿沟不但可以填平，甚至可以超越，因为，从理论上讲，人脑的潜力几乎是无穷无尽的。

潜力是人类最大而又开发得最少的宝藏！无数事实和许多专家的研究成果告诉我们：每个人身上都有巨大的潜力没有开发出来。美国学者说，普通人只开发了他蕴藏能力的1/10，与应当取得的成就相比，我们不过是半醒着的。科学家发现，人类储存知识的能力大得惊人，人平常只发挥了极小部分的大脑功能。要是人类能够发挥大脑功能的一半，那么就可以轻易地学会40种语言，将百科全书从头到尾一字不漏地背下来，阅读量可以达到世界上最大的图书馆美国图书馆1000万册的50倍，拿14个博士学位。这种描述相当合理，一点也不夸张。

关于人的潜力，有这样几个故事，也许能给你一些启示：

第一则故事是这样的：

有两位年届70岁的老太太，一位认为到了这个年纪可算是人生的尽头，于是便开始料理后事。另一位老太太在70岁生日宴会上，她问自己：究竟我还可以再做点什么呢？在这样的自问中，她发现自己的人生中有一个很大的空白——居然未曾尝试冒险登山。于是，她毅然拖着在别人看来已是老朽的身体开始学习登山。随后的25年里她一直冒险攀登高峰，其中几座还是世界上有名的。她95岁时，登上了日本的富士山，打破了攀登此山的最高年龄纪录。她就是著名的胡达·克鲁斯老太太。

第二个故事则是：

一家农场有一辆轻型卡车。农夫有一个年仅14岁的儿子，农夫的儿子对开车极感兴趣，一有机会就到车上学一会儿，没过多久，他就学会了驾车。一天，儿子将车开出了农场。农夫看到车子突然间翻到水沟里去了，急忙跑到出事地点。他看到沟里有水，儿子被压在车子下面，躺在那里，只有头的一部分露出水面。这位农夫并不高大，也不是很强壮，但他毫不犹豫地跳进水沟，双手伸到车下，把车子抬高，让另一位来援助的农夫把儿子从车下救了出来。事后，农夫就觉得奇怪，怎么一个人就把汽车抬起来了呢？出于好奇，他就再试了一次，结果是根本就抬不动那辆车子。

此事说明，农夫在危急情况下，产生了一种超常的力量。这种力量从何而来呢？一是人确实是存在极大的潜在体能。另外，农夫在危急情况下产生一种超常的力量，并不仅仅是肉体反应，它还涉及心智精神的力量。当他看到自己的儿子压在车下时，他的心智反应是去救儿子，一心只想把压着儿子的卡车抬起来，正是这个原因，使他的潜力得到了发挥。

故事三：

爱迪生小时候因被学校老师认为愚笨而失去了在正规学校受教育的机会。可是，他在母亲的帮助下，经过独特的心脑潜力的开发，成为世界上最著名的发明大王，一生完成2000多种发明创造。他在留声机、电灯、电话、有声电影等许多项目上进行了开创性的发明，从根本上改善了人类生活的质量。

这是人的潜力得到较好开发的一个典型。

潜力开发大师安东尼·罗宾在心灵革命的课程中，为了证明人类的巨大的潜力曾做过下面的实验：那是一种赤足从火上走过的课程。在课堂上，所有学员必须面对火红炽热的木炭所铺成的"火路"，然后大胆而勇敢地赤足走过。对于没有那种过火经验的人来说，那是极为骇人的场面，有的人会哭，有的人会叫，也有的人腿软，更有人发抖，甚至有人会哀求免去这种"考验"，不过最终所有的学员还是得走过这条路。因为没有经历过这场考验的人，就无法在随后的课程中得到最大的效果。

根据美国一些科学家对过火过程的观察与测试，发现不需要用跑，只要步行的速度够快，便不容易灼伤脚底。因为每当脚掌在接触火炭的瞬间，便会立即释放出汗水，形成一层绝缘体，在那层汗膜尚未蒸发前提起脚掌，汗水便会吸收先前的热量而化为蒸气消逝，因而使脚掌丝毫不受伤。

由于大多数人不了解人体的神奇机能，一开始便容易陷入畏缩不前的状态中。当那些研讨会的学员在咬紧牙关平安走过火路后，他们的整个观念会发生很大的改变，因为原先认为必然做不到的事，竟然轻易可以实现，且于自己毫发无损。原来"任何的限制，都是从自己的内心开始的"。

多年前，人人都知道要用不到4分钟的时间跑完1英里（1英里＝1.6093千米）的路程是不可能的。生理学刊物上刊登的文章也证明，人类的体力无法达到这个极限。但是，罗杰·贝尼斯特却于1954年打破了4分钟的纪录。谁也没想到，不到2年，又有 10 位运动员打破了这项纪录。

这证明了一个道理，人的潜力犹如一座待开发的宝藏，蕴藏量无穷，我们每个人都有一座潜力的宝藏。

第三节　唤醒沉睡的潜力巨人

每个人心中都有一个巨人，他们在特定的环境里把它唤醒了。而你心中的巨人仍在沉睡。为了发掘你的潜力，你需要唤醒心中沉睡的这位巨人。人的潜力总是能够实现一个突破接着一个突破。

有这样一个故事：

美国奥克拉荷马州的土地上发现了石油。该地的所有权属于一位年老的印第安人。这位老印第安人一生都生活在贫穷之中，一发现石油以后，顿时变成了有钱人。于是，他买了一辆卡迪拉克豪华旅行车。每天他都开车到附近的镇上去。他想看到每一个人，也希望被每个人所看到。他是一个友善的老人，当他开车经过城镇时，会把车一下子开到左边，又一下子开到右边，来跟他遇见的每个人说话。有趣的是，他从未撞过人，也从未伤害过人。这并不是他驾驶技术高超。理由很简单，在那辆大汽车正前方，有两匹马拉着。

当地的技师说那辆汽车一点毛病也没有，这位老印第安人永远学不会插入钥匙去开动引擎。虽然汽车有一百匹马力，可是许多人都误以为那辆汽车只有两匹马力而已。

现在的科学表明，一个人的一生，所开发使用的能力是其本

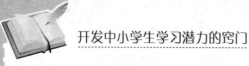

身所拥有的 2%～5%。问题的关键不是我们笨，而是我们要学会"插入钥匙去开动引擎"，调动我们内在的能力去为我们创造一个更美好的未来。人类最大的悲剧是对自身资源的浪费。

我们身处在光明之中，以为自己是清醒的，而实际上则是在酣睡。等到梦醒了，才觉察到原来已经天黑。天黑了，我们什么也做不了，只有不断地反省，不断地伤心，迎接光明的到来。我们不能再在光明中酣睡，要唤醒自己，战胜自己，和自己赛跑。自己要唤醒自己，唤醒自己曾经苦苦坚持的理想，唤醒自己被岁月轻易改变的心灵。"要靠自己鼓励自己，靠自己激励自己。"

任何成功者都不是天生的，成功的根本原因是开发了人的无穷无尽的潜力。只要你抱着积极心态去开发你的潜力，你就会有用不完的能量，你的能力就会越用越强。相反，如果你抱着消极心态，不去开发自己的潜力，那你只有叹息命运不公，并且越消极越无能。每一个人的内部都有相当大的潜力。爱迪生曾经说："如果我们做出所有我们能做的事情，我们毫无疑问地会使我们自己大吃一惊。"

在 20 世纪的美国演艺史上，又能演又能唱的芭芭拉·史翠珊拥有崇高的地位，被称为美国娱乐界一个活着的传奇。芭芭拉·史翠珊年轻时不断追求影视艺术上的成功，当时她希望有人能让她上台。但他们都拒绝了她，并强调地说道："你，也想当明星？也不听听你那口音，再瞧瞧你那鼻子！"她怒气冲冲地向他们说道："你们会遗憾的！走着瞧，你们会遗憾的！"后来，事实证明那些导演们判断失误。

这一切就因为她藐视自己的缺陷。你能超越自己的缺陷吗？

因为超越缺陷就能发挥潜力。富兰克林·罗斯福的经历就是最好的例子。

8岁的富兰克林·罗斯福是一个脆弱胆小的男孩，脸上显露着一种惊惧的表情。他呼吸就像喘气一样。如果被喊起来背诵，立即会双腿发抖，嘴唇颤动不已，回答得含糊且不连贯，然后颓废地坐下来。同时，他是一个暴牙齿。

富兰克林·罗斯福虽然有缺陷，但他从不自怜自卑，相反，他相信自己，他有一种积极、奋发、乐观、进取的心态，激发着他的奋发精神。

他的缺陷促使他更努力地奋斗。他不因为同伴对他的嘲笑便减低了勇气，他喘气的习惯变成一种坚定的嘶声。他用坚强的意志，咬紧自己的牙床使嘴唇不颤动而克服他的惧怕。他就是凭着这种奋斗精神，凭着这种积极心态，而终于成为美国总统。

在他的晚年，已经很少有人知道他曾有严重的缺陷。他成为美国一个很得人心的总统，这种情况是以前未曾有过的。他的成功是何等神奇、伟大。然而先天加在他身上的缺陷又是何等的严重，但他却能毫不灰心地干下去，直到成功的日子到来。

罗斯福成功的主要因素在于他的努力奋斗和自信自强。更重要的是他从不自怜自卑，他相信自己，不低估自己的能力，发挥了自己的潜力。

通过对取得巨大成就的人进行研究，我们发现，他们之中有非常多的人之所以会发挥潜力获得成功，是因为他们开始的时候有一些会阻碍他们发挥潜力的缺陷，促使他们加倍地努力而得到更多的报偿。正如有人说："我们的缺陷对我们有意外的帮助。"

不错，很可能密尔顿就是因为瞎了眼，才写出这么好的诗篇来，而贝多芬就是因为聋了，才作出这么好的曲子。海伦·凯勒之所以能有光辉的成就，也就是因为她的瞎和聋。如果柴可夫斯基不是那么痛苦——而且他那个悲剧性的婚姻几乎使他濒临自杀的边缘——如果他自己的生活不是那么的悲惨，他也许永远不能写出那首不朽的《悲怆交响曲》。如果陀思妥耶夫斯基和托尔斯泰的生活不是那样曲折，他们也可能永远写不出那些不朽的小说。

第四节　开掘你的学习潜力

种子的生命力是巨大的，即使上面压着一个常人无法搬动的石头，种子也可以将它推翻，且石头的质量越大，种子的力量也越大。同样，我们的学习潜力也是巨大的，关键在于怎样开掘。

开掘学习潜力，需要注意确定自己的目标。没有目标的努力是没有价值的，而没有目标的指引，是无法释放潜力的，所以激发学习潜力应当从目标的确定开始。

费罗伦丝·查德威克是从英法两边海岸游过英吉利海峡的第一个妇女。

1952 年 7 月 4 日清晨，加利福尼亚海岸笼罩在浓雾之中，在海岸以西 21 英里的卡塔林纳岛上，34 岁的她涉水下到太平洋中，开始向加州海岸游过去。要是成功了，她就是第一个游过这条海峡的女性。

那天早晨，海水冻得她身体发麻，雾很大，她连护送她的船都几乎看不到。时间一个钟头一个钟头过去了，千千万万的人在电视上看着。

15 个钟头之后，她很累，又冻得发麻。她知道自己不能再游了，就叫人拉她上船。她的母亲和教练在另一条船上。他们都告诉她离海岸已经很近了，叫她不要放弃。但她朝加州海岸望去，除了浓雾什么也看不到。

从她出发算起 15 个钟头零 55 分钟之后，人们把她拉上船。这时离加州海岸只有半英里！后来，她不假思索地对记者说："说实在的，我不是为了自己找借口，如果当时我看见陆地，也许我能坚持下来。"

令她半途而废的不是疲劳，也不是寒冷，而是因为她在浓雾中看不到目标。目标的意义是确定奋斗的方向，而在实际的学习生活中，目标的意义就具体化为自我评价或者他人评价。

一个人有了目标，就有了动力，有了责任，有了勇气，如果没有追求的目标，就会变得无聊、孤独甚至彷徨，不知所措。

而一个人没有远期目标，就会变得没有气势；一个人没有中期目标，人就会没有精神；一个人没有短期目标，人就会变得不勤。有人列出了这样一个公式：目标 = 目标高度 × 达到的可能性，目标低了，就会不感兴趣；目标高了，达到的可能性就小了，就会失去信心。

怎样的目标才是有效的呢？一个有效的目标必须具体，可以量化；能够实现；注重效果；有时间期限。以上条件必须同时具备，否则就不是目标。最重要的两点是可以量化和有时间期限。量化是指可以使用精确的数字来描述的（即使不能用数字描述，也必须进一步分解，然后再用数字来描述）。时间限制是指必须

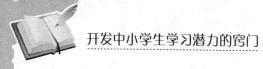

在限制时间内完成的。不能量化又没有时间期限的目标是无效的，也是没有任何意义的。

通常而言，目标的设立有以下三种常见方法：

（1）阶梯法：就是将目标化为若干个阶梯，并且使用明确的语言对不同阶梯的内容进行描述，这样每一个人在不同时间不同空间时都能明确自己的现实位置以及下一个目标的状态，一个一个逐级向上迈进，最终达到总的目标。

（2）枝杈法：树干代表大目标，每一个小树枝代表小目标，叶子代表即时的目标，或者说是现在马上要做的事情。

（3）剥笋法：实现目标的过程是由现在到将来，从低级到高级，由小目标到大目标，一步一步前进的。但是设定目标的方法则是与实现目标的方法相反，由将来到现在，由大目标到小目标，由高级到低级层层分解。

开掘学习潜力，需要意志保证。同一个学校的学生，同一个班级的学生，有的人成绩卓著，有的人却一事无成，探究二者的本质区别，最重要的因素之一就是意志品质的差异。同样，这也是学习差异的重要原因。意志力是一种韧性，无坚不摧的往往正是这种看似绵薄但后劲十足的持久力。

体育课上，你双手悬挂在单杠上，坚持十几分钟就觉得再也坚持不下去了，就从单杠上安全地跳到地面。但如果你的下面不是离地面2米的单杠，而是万丈深渊，也没有人营救。于是你只好耐心地坚持着，这时，也许你能超乎寻常地坚持1个小时，甚至更长，这就是意志力在发生作用。

成功，往往就是在最艰难的时候，再坚持一会儿。学习也是如此。学习是一件很艰苦的事情，你能不能在众多的伙伴中脱颖而出，就在于遇到困难的时候是否具备足够的意志力。

学习就像钉钉子，钉子要钉进木头里，一靠钻，二靠挤。钻就是刻苦钻研，遇到问题决不放弃。"挤"就是像挤海绵里的水一样，充分使用零散时间，才能将学习时间实质上延长。无论是"钻"还是"挤"都需要我们付出超乎寻常的意志。

开掘学习潜力，需要专注精神。太阳是伟大的，在一般条件下，只能普照大地而已，但是，如果用一把放大镜，将散漫的阳光聚焦于某一点，就可以引燃一根火柴，甚至能煮熟鸡蛋。太阳灶也是这个原理。许许多多的事实告诉我们，专注是可以产生奇迹的。专注，更是激发学习潜力的必要条件。

培养专注精神的方法是将注意力集中到努力运用已经具备条件去实现的目标上来。培养专注精神有以下几点：

（1）定力，就是排除干扰，心神坚定，不乱不散，集中力量突破一个问题。要达此目的，首先是确定信念，坚定不移；其次是自律；最后是充分调动所有的器官听从大脑的指挥，去完成自己已经确定的事情。

（2）定向，确定一个着眼点，一旦选定，轻易不转移。怎样选定明确的方向呢？首先是寻找准确科学的参照标准，其次是如果很难确定是否值得或者应该做，那就立即决定。假定这个方向就是你努力的方向，并且在这个假定下立即去做。

开掘学习潜力，需要拥有快乐情绪。人的需要、心愿和客观事物发生各种相互作用时，就会产生情绪和情感，或喜或悲或怒或惧，等等。而情绪通常又与人的追求紧密相关，当你无法确定是否应当去追求时，就会感到犹豫、彷徨；当你失去追求目标时，就会感到空虚、寂寞、无聊；而当你追求的过程中出现紧张的局面，受到严峻的压力时，就会紧张、焦虑、忧虑。要摆脱或者消除这一类的消极情绪，需要我们能正确对待追求。情绪就是非智力因素的核心之一。情绪也就是指情感，它像水流动时的波浪。

情绪对人的作用至关重要，在追求目标的过程中，最大的敌人不是别人而是自己的不良情绪。情绪一坏，一个人就在心理上解除了武装，别说是提高能力，就是原来已有的能力和技巧也发挥不出来。

情绪是可以控制的。一般而言，控制情绪可以采用以下几种方法：

（1）转移，就是转移注意力，将注意力转移到最能使自己感到自信、愉快和充实的活动上来。

（2）分散，将遇到的烦恼隔离分散开来，各个击破。不要把烦恼联系起来，更不要通过想象、思维等活动刺激或增加烦恼。烦恼是不能放大的。否则，会火上浇油。

（3）弱化、减弱烦恼，不记忆，不思考，不想象。对于那些非原则性的刺激，必须学会紧紧把住闸门，尽可能不听、不见、不感觉，对于已经输入的刺激，尽可能不记忆、不想象、不思考。

（4）体谅，生气是因别人的过错而惩罚自己，原谅了别人也就饶过了自己。生气是无能的表现。

（5）解脱，就是更换一个角度来看待令人烦恼的问题。忍一忍心气平和，退一步海阔天空。

（6）升华，就是利用强烈的情绪冲动，并且把它引向积极、有益的方向上来。化悲痛为力量就是一个典型的例子，其实其他情感也可以化为力量。比如，学习中的挫折，取得成绩之后的表扬、奖励，因自己的无知受到羞辱等。

快乐的时光总是短暂的，喜欢做的事情即使超负荷也不感觉累，做自己喜欢的工作是最幸福的。这是为什么？这都是因为快乐情绪的魅力创造了奇迹。如果你每天都带着快乐心情开始忙碌的学习和生活，你将更加热爱学习。

情绪对我们的日常生活和学习也有着不可估量的制约作用，当你处于"人逢喜事精神爽"和"屋漏偏遭连阴雨"两种情绪状态时，如果让你来欣赏著名歌星演唱会，你的感受和结果肯定是不一样的。同理，情绪的好坏也会对你的学习过程和学习效果产生直接的决定作用。快乐的情绪能激发人的斗志，唤起人的热情，激起人的聪明才智和创新能力。

例如，课堂上，形式多样富有情趣的活动，就会提高教学效率，让学生收到一种意想不到的效果。很多学生都常说，听自己喜欢的老师上课不知不觉时间就过去了，心中却有一种意犹未尽的感觉；可是听自己不喜欢的老师上课，时间像凝固了一样，感觉很难受，学习效果自然也不很理想。原因是听喜欢的老师上课时你会带着快乐的情绪全身心地投入进去，能够达到忘我的程度，而且注意力集中，对知识信息的吸收能力又快又强，所以，学习效率高、效果显著。相反，听不喜欢的老师上课时，因为心里不喜欢他，不论他讲得好坏你都在从心理上排斥、反感他，所以越听越厌倦，越厌倦注意力越不集中，该听的知识信息没听到，学习效果当然不好，而且这种状况还会继续影响到后续的学习活动。如写作业、做练习和听同一教师的其他课程。

开掘学习潜力，需要激发学习兴趣。在学习过程中，兴趣是学习能力的源泉，是影响学习自觉性、积极性和持久性的直接因素，更是创造性学习的必要条件。实践证明，在学习活动中兴趣浓厚，注意力就高度集中，其求知欲也就越强。"知之者不如好之者"就道出了兴趣与学习的关系。

古今中外，凡有成绩者无不对自己所从事的事业有着浓厚的兴趣，兴趣推动着他们孜孜不倦地追求而取得成功。科学家丁肇中用6年时间读完了别人10年的课程，最后终于发现了"J粒子"，获得了诺贝尔奖。

记者问他："你如此刻苦读书，不觉得很苦很累吗？"

他回答："不，不，不，一点儿也不，没有任何人强迫我这样做，正相反，我觉得很快活。因为有兴趣，我急于要探索物质世界的奥秘，比如搞物理实验，因为有兴趣，我可以两天两夜，甚至两天三夜待在实验室里，守在仪器旁。我急切地希望发现我要探索的东西。"

只有对学习感兴趣，才能把心理活动指向和集中在学习的对象上，使感知觉活跃，注意力集中，观察敏锐，记忆持久而准确，思维敏锐而丰富，激发和强化学习的内在动力，从而调动学习的积极性。

那么，作为学生，如何自己培养学习兴趣呢？下面就是培养学习兴趣的几点：

（1）积极期望。积极期望就是从改善心理状态入手，对自己不喜欢的学科充满信心，相信该学科是非常有趣的，自己一定会对这门学科产生信心。想象中的"兴趣"会推动我们认真学习该学科，从而最终对此学科真正感兴趣。比如，一位学生对学习英语毫无兴趣，上英语课时常发呆，怀着一种焦急的心情盼望下课。他知道这是不正确的，为了培养对英语的兴趣，他在心理说："我喜欢你，英语!"重复几遍之后，他觉得英语不像从前那样枯燥无味了。第二天他在图书馆借了几本有关英语的书，回家后，高高兴兴地读了起来，再上英语课时也开始听老师讲解了，后来他很喜欢英语，总是急不可待地盼着上英语课。

（2）从可以达到的小目标开始。学习之初，要确定小的学习目标，从努力可达到的目标开始。不断地进步会激发学习的信心，不要期望在短期内将成绩提高上去，不能因为努力学习一两周后发现成绩提高不明显，就失去信心，从而厌恶学习。持之以恒地努力，一个一个小目标的实现，是实现大目标的开始。

（3）了解学习目的，间接建立兴趣。学习目的是指某学科的学习结果是什么，为什么要学习该学科。当学习该学科没有太强的吸引力时，对学科最终目标的了解是很重要的。学习过程多半都是要经过长期艰苦努力的，而学习又是学生的天职，不能不学，所以要认真了解每门学科的学习目的。看书上的绪言部分，听老师介绍学科发展的趋势，或从国家、社会的发展前景的高度去看待各门学科。如果我们对学习的个人意义及社会意义有较深刻的理解，就会认真学习各门功课，从而对各科的学习产生浓厚的兴趣。

（4）培养自我成功感，以培养直接的学习兴趣。在学习的过

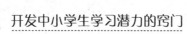

程中每取得一个小的成功，就进行自我奖赏，达到什么目标，就给自己什么样的奖励。实现小目标则小奖赏，如让自己拥有一个想拥有的小东西；实现中目标则中奖励，如参加一次梦寐以求的聚会或活动；实现大目标则大奖励，如给自己放一两天假到郊区散散心等。通过渐次奖励来巩固自己的行为，有助于产生自我成功感，不知不觉就会建立起直接兴趣。

（5）把原有的其他兴趣转移到学习上来，以培养新的学习兴趣。每个人在少年儿童时期都有自己特别感兴趣的事，如爱玩枪、爱摆弄汽车、爱搭积木等。到了高年级后，就应当去发现、了解与爱好有关的知识。如怎样当个好建筑师？楼房是如何建造的？原理是什么？我所学的知识中哪些和它们有关系？这样就把对学习的兴趣在原有的基础上发展起来。爱因斯坦中学时只对物理感兴趣，不喜欢数学，后来他在向纵深研究物理时发现数学是其基础，便又产生了对数学的兴趣。

（6）在解决实际问题的过程中，确立稳定的兴趣，用学得的知识解决实际问题，一是能巩固知识，二是能修正知识，三是能带来自我成功的喜悦情绪。这种喜悦情绪正是建立稳定持久的兴趣所必需的。

（7）保持兴趣的最容易的方法是不断地提问题。当你为回答或解答一个问题而去读书时，你的学习就带有目的性，就有了兴趣。例如，学习阿基米得定律时，你可以问：阿基米得定律的内容是什么？它是怎样发现的？怎样证明它的结论是对的？它的公式是什么？使用它应注意什么问题？我能否用其他的办法推出？为了回答这些问题，一开始你强迫自己详细看下去，但是，一旦你真正往下看，你就会被吸引住。

（8）想象学习成功后的情景，激发学习兴趣。当我们满腔热情地去做任何一件事前，一般都对它的结果有了预期的想象，从而坚持去做这件事情。例如，你想象某个电影非常好看才促使你去看，假如你事先想象这个电影不好看，那么你一定不去看。作曲家想象出自己作出的曲子会产生什么样的效果，从而激发出他的创作热情。你可以想象你考试成绩优秀，可以顺利进入大学，为个人创造好的前程。你也可以想象考试成绩优秀，得到老师、家长的表扬，得到同学们的羡慕等，从而激发学习兴趣，想象会帮你成功。

第五节　扫清学习潜力开发的障碍

在开发学习潜力的过程中，有一些认识上的误区必须扫清。只有扫清了这些障碍，才能真正发挥出应有的潜力。下面就是几种常见的误区。

误区一：孩子这么笨，哪有什么学习潜力可以开发？

孩子的学习成绩差，家长就认为自己的孩子笨，没有什么潜力可以开发的。这是家长还没有真正了解学习潜力的含义与意义，而将一般人常常强调的语文、数学等学业成绩作为是否聪明的标准，把"学习差"和"笨"等同起来。许多人虽然学习差，但并不笨，而是因为各种学习障碍原因而导致学业成绩不良的。中学时代的爱因斯坦就因为整日空想，连许多测验都没有及格，被赶出了校门。他的母亲并没有因此而认为他笨，而是把教育他变成

一种游戏，带领他进入令人兴奋的知识世界，最终成了最伟大的科学家。其实，正因为孩子的学习不如意吧，才更需要开发学习潜力，让孩子强起来，自信起来。

误区二：孩子成绩好，就不用开发学习潜力了吗？

学习成绩好的人，学习方法不一定好。美国和日本对中学生进行"学习方法诊断检查"以后发现，由于大多数同学没有受过学习方法的专门训练，无论学习好坏，一般都采用效率极低的学习方法。有些同学学习成绩好那是由于方法以外的因素起了作用，例如，家长辅导多，自己花费的时间多，知识基础好，领悟得快等等。这些人如果再改进学习方法，其学习效率还会大大提高，学习成绩会变得更加优秀。无论对于学业好的还是学业不如意的同学，学习潜力的开发都是十分必要的，也必定会对他们的终身发展产生深远的影响。

误区三：学习潜力开发无非是一些才艺训练吧？

当"多元智能"的观念被家长认识时，有些家长为了开发孩子各方面的潜力，就让孩子参加各种培训班，以为各种各样的才艺训练就能让孩子的学习潜力得到开发。然而，孩子的时间被各种训练充斥着，忙于吸收、记忆各种知识，通常是在一种疲倦、缺乏兴趣的状态下学习，这严重违背了大脑神经系统活动和发展的规律，有时甚至使孩子的大脑处于保护性的抑制状态，更不用说大脑潜力的开发。根据孩子的优势，在轻松愉快的氛围中，才能使孩子的潜力得到良好的发挥。

误区四：刻苦学习就是开发潜力的好方法吗？

当孩子不能取得好的成绩时，家长通常的反应就是认为孩子不努力，不认真，以为只要孩子努力就一定能发挥潜在的学习能力，取得好成绩。其实，努力导致的紧张本身将耗费大脑超过75％的学习能力，只剩下不到25％的脑力用于获取新信息和完成当前任务。这样如何能达到最佳的学习状态呢？而且，光苦干还不行，还要学会巧干。否则，努力如果总得不到相应的成果，最终孩子将对自己完全丧失信心，陷于无助的境地。就像游泳一样，方法不当的人，身体再强壮也游不快，甚至往下沉，只有方法合适，才可以使水的阻力降到最低程度，充分发挥体能的作用。学习也是如此，掌握科学的方法才能提高学习效率。

误区五：**是金子总会发光，就不需要为大脑的自然发展做什么了吗？**

孩子的抚养方式和训练方式实际上决定了孩子大脑的形成。换句话说，一个孩子周围的环境对他大脑的发育和行为的模式都有重要的影响。大脑结构和功能的发育存在关键期，我们认为某些学习潜力发展也存在关键期或发展最佳期，如果抓住这个最佳时机进行开发就能取得良好的效益，否则，将事倍功半。关于狼孩的故事早已向我们敲响了警钟。1920 年，印度发现了两个"狼孩"。他们在狼群中长大，虽然长得与人一样，但行为举止却完全和狼一样，要四肢爬行，像狼那样嚎叫，用手抓食物吃。在他们回归人类社会后得到了大量的训练，但是在 4 年之后（大约七八岁）智力水平也才相当于一个 3 岁幼儿的智力水平。可见，每个孩子都有潜力，但如果缺乏合适的环境培养，后果是非常可怕的。

第二章　影响学习潜力开发的因素

学习潜力的开发，受到很多因素的限制和作用。只有搞清楚哪些因素对潜力的开发产生影响，并且通过对这些因素的适当控制，才能保证学习潜力开发的顺利进行。在影响学习潜力开发的众多因素中，最重要的是自我认识、心态、信心、信念这四种因素。他们对学习潜力的开发起着至关重要的作用和影响。

第一节　自我认识与学习潜力

卡耐基说过这样一段话："发现你自己，你就是你。记住，地球上没有和你一样的人……在这个世界上，你是一种独特的存在。你只能以自己的方式歌唱，你只能以自己的方式绘画。你是你的经验，你的环境，你的遗传造就了你。"

确实，我们不能期待在别人的目光中读到自己的影子，不能期待在别人的笑容里嗅到自己的花期。每个人都有自己的梦想，都有自己的故事。你就是你，认识自我才是发挥学习潜力的前提，认识自我才能走向成功。

成功，是人类的本能欲求，也是广大中小学生孜孜以求的目标。正确认识自己是成功的前提。每个人都有自己的特长，如果能够正确认识，就能发挥自己的特长走向成功。

　　英国著名诗人济慈，15 岁被送去当药剂师的学徒，5 年后考入伦敦的一所医学院。后来他发现自己有写诗的才能，进入医学院不到一年，济慈便放弃了从医的志愿，用自己的整个生命去写诗。他虽不幸只活了二十几岁，但为人类留下了不少不朽的诗篇。

　　伟大的无产阶级革命导师马克思年轻时曾想做一个诗人，也努力写过一些诗（就是后来他自称是胡闹的东西），但他很快就发现自己的长处不在这里，便毅然放弃做诗人的打算，转到社会科学的研究上面去了。

　　如果济慈与马克思两个人都不正确认识自己，那么英国至多不过增加一位不高明的外科医生济慈，德国至多不过增加一位蹩脚的诗人马克思，而在英国文学史和国际共产主义运动史上则肯定要失去两颗光彩夺目的耀眼明星。

　　美国前总统林肯在 24 岁时与一个叫白瑞的合伙人借了钱，买下了他当时工作过的奥弗特的店铺，开始经营。这两个人不善于经商，而且白瑞是个酒鬼，所以生意的担子全压在了林肯的肩上。林肯的性格也决定了他不是做生意的料。最后，店铺垮了，合伙人白瑞跑了，林肯只得独自承担起所有的债务——总共 1100 美元。当时，这可是一笔巨额债务。他花了 16 年才把债还清。后来林肯从政，成为了美国历史上伟大的总统。

　　认识自己，是走好人生的第一步；彻底认识自己，是人生最重要的主题；认识自己并且在人生战场中运筹帷幄，是人生的大智慧。因为认识你自己是每一个人一生中所难以回避的问题，你对自己的认识越准确，你选择正确道路的可能性就越大。你选择

的道路越正确，你取得成功的可能性也就越大。由此可见，认识你自己何等重要！

要想发掘自己的学习潜力，就应该知道自己属于哪一种学生。为了让自己认识自己学习中所处的位置，迅速发现自己的问题，你可以根据自己的情况加以对照，对号入座。

第一种学生，学习情况很理想。这种学生各方面表现都不错，属于"父母不担心，老师很放心"的那种学生。这种学生的学习兴趣和自觉性一般都比较强，学习也一帆风顺。但存在一种很典型的问题：在小学阶段表现很好，但越升高年级时越后劲不足。这些学生主要有两方面的特点。

第一个特点是很聪明但不扎实。这种学生反应快，理解和接受能力较强，所以在刚上学的时候不用费很大工夫，成绩依然表现比较理想。可是到了后来，随着课程难度、广度、深度逐渐增加，由于不能及时调整学习方法和习惯，导致无法适应新的学习要求，慢慢地学习成绩越来越差。这种情况普遍存在于刚上初中的学生。

在入学开始，大家基本处在同一水平线上，对所学的知识和接受理解能力等各个方面，同学之间都不会有太大的差异。这个阶段的重点并不在于学习多少知识，而是要注重培养自己的学习习惯，好的学习习惯可以让自己一生受益。这种学生自制力比较差，在没有得到正确引导的情况下，虽然聪明，却因为聪明而容易形成一些不好的学习习惯。

第二个特点是女生出现这种情况相对男生要多些。很多人会以为女生不如男生聪明，所以随着年级的升高，女生的成绩逐步下降。事实上，这是毫无科学道理的。

人们长期以来形成的这种惯性思维是极其不正确的。性别个性并非天生的，而是后天给予的。以往在对待不同性别学生问题上的态度不同，导致了许多教育上的错误方法。比如纵容男孩子的粗心大意、精力不集中、调皮，忽视女孩子的害羞腼腆、不善表达等。随着学习难度和深度的增加，女生的成绩如果有所下降，家长就认为这是本应存在的差异。认为是由于女生智商方面跟不上男生造成的。这样也使孩子放松了对自己的要求，认为自己的智力不如男生，于是不断原谅自己，并总能找到宽慰自己的理由。

男生和女生在智商方面是没有太大差别的。只不过是一些负面因素使得女生的视野没有男生那么开阔，交往没有男生那么积极。她们从小被灌输的思想是：不能像男孩子那样任性妄为，在面对很多事情的时候要有所保留。家长对女生的要求和管制也特别的多。所有这些长期养成的各种习惯在日积月累中逐渐成为性格中的一部分，所以许多女生才会表现得不如男生胆大开朗，接受新事物的能力和思维发展相对于男生似乎也会差一些。

所以，作为女生，如果目前的学习状况良好，我们需要注意的是，在学有余力的情况下，要让你的综合素质更上一层楼，应该强化自己的自学能力，拓展视野，加强课外活动，力图使自己在多方面均衡发展。"多看书、勤动手"，通过这些来扩展知识面。在适应学校学习要求的同时，更加努力开展研究性学习，使自己真正成为学习的主人。

第二种学生，整体的学习情况还算比较理想。这种学生通常给别人的感觉是很有潜力，却总不能完全发挥出自己的最高水平。这种学生最典型的表现是：平时可以做出的题目，考试时可能做不出来；或平时做错的题，考试时又会做错。

其实，出现这种问题往往是由于某个独立的学习环节不到位。所谓"不到位"就是指这个环节掌握得还不够。比如，一个知识点，当时似乎是懂了，看似已经掌握了，实际上并没有吃透，觉得好像掌握得不错，实际上只是一知半解。学习是把别人的知识转化为自己的知识的过程。而这种情况就是并没有把别人的东西通过自己的方法掌握、消化、吸收。等到考试的时候，由于心理紧张等心理因素的影响，那些没有掌握好的知识就不能应用自如。每个知识点，只是众多知识点中的一个很小的环节，如果一个环节出现问题，就很有可能对其他环节造成影响，所以在学习过程中一定要掌握每个知识点，做到把别人的知识变成自己可以灵活运用的东西。

平时的学习非常重要，学习本身就是一个日积月累的漫长过程，如同建造金字塔，每块砖都有着其独一无二的作用，在保证稳定牢固的基础上，才可能建成。

第三种学生，学习成绩一般。这种学生是属于家长着急、老师费力的那种学生。这种学生的问题是聪明但不用功；刻苦就是没有成效；成绩忽上忽下；个性较中庸，容易受外界影响等。其中最普遍的问题就是学习作风粗糙，从一开始就没有养成良好的学习习惯。这种学生即便心里想学好，也往往无济于事。学习环节不达标，虽然不能说每一个环节都有漏洞，但也是漏洞百出：掌握知识不扎实，对知识点的理解总是一知半解，有的环节甚至完全没有弄懂。这样，只会让自己和其他人的差距越来越大，自己的成绩会越来越低。总之，这类学生如果寻找成绩差的原因，可以找到多种理由。

如果你感觉自己属于这类学生，那么首先你要重视自己每次考试的错题。将每次的错题弄清楚，举一反三，既要做到知其然，又要做到知其所以然。由于以上提到的种种原因，这种学生学习成绩总和自己的智力表现不成正比，他们会逐渐对学习感到灰心，甚至开始对自己的智力产生怀疑。这种心态的产生毫无疑问会不利于学习成绩的提高。如果你现在正处于这种情况，那么首先要做的是坚定信心，不要灰心，只要你想学习，想学好，就一定可以找到问题所在。同时，要讲究学习方法，培养良好的学习习惯。这样成绩很快就会有所改变。还有的学生学习很用功，但效果不理想，这种学生最大的优点是自制力比较强，明显的问题是学习方法欠妥当。

第四种学生，学习很吃力。这种学生对目前的学习已经感觉很吃力，自我感觉已经是糟糕到底，对学习已经产生了较大的厌倦情绪。在学习上表现为十分懒散或彻底绝望，而且个性通常比较偏激，讨厌家长的提醒和老师的教导，甚至还看不起成绩优秀的同学。

这种学生可以分为两种，一种是智力正常的学生，另外一种是思维有一定障碍的学生。

对于智力正常的学生，可能许多人说过你注意力不集中，但你玩起游戏不是很专心吗？有人说你连课都听不懂，那不是因为笨，而是因为你落下了功课。别人没有注意到，你对成绩也有积

极的渴望，也非常希望自己的名字出现在前几名的名单里，希望家长会上老师频频表扬的对象是你而不是别人，希望家长把你当成自己的骄傲，时刻笑脸相对，而不是没完没了地训斥。但你一定不要把造成这种结果的原因归结到学习上，并因此仇视学习，厌恶学习，也不要因此痛恨自己，对自己感到失望。前面的那些看似遥不可及的希望，其实距离聪明的你来说，并不遥远。你和其他人一样聪明，也许只是方法出了问题，也许是前面落下的知识太多。总之，还是那一句话：只要你不放弃学习，学习就永远不会放弃你。

诚然，你的学习成绩目前不很理想，而你现在也一样很不开心。虽然有人可能说你脸皮厚，对什么都不在乎，其实你很在乎；虽然你贪玩调皮，其实你也不想做那些让家长或老师批评你的事情，但你更不喜欢做别人强迫你做的事情，是自尊心让你还是硬着头皮做别人讨厌的事情；虽然你有时候也不听话惹人生气，但你不喜欢别人对你斥责的表情，那种对你缺乏信任和讽刺的话语只会让你更不愿意听父母的话。你讨厌别人对你的侮辱，所以你喜欢用拳头或者恶作剧来宣泄自己的不满。虽然你曾伤害过许多人，其间有的是同学，有的是老师或父母，但很多时候他们总是对你不太信任，所以你才出点格，给他人以"回报"。

不可忽视，你还有不为人所熟知的一面，也许你从来没有告诉过别人，你曾经帮助别人打过架，那是因为你不愿意看到弱小者被别人欺负。虽然你为此付出了很多，也许你曾彻夜未眠流下难过和羞愧的眼泪，但父母与老师、同学们冷漠的眼神让你愤怒，也许你有更多不愿说的话，但你渴望得到别人的理解，而不是同情，你需要的是帮助而不是怜悯，希望别人给你时间，而不是急躁。

没有问题，一切都会好起来的。其实，很多人在小的时候曾经是那么荒唐，但现在是如此受人尊重和爱戴，你也会这样的。因为你就是这种人。只要你现在告诉自己，你的大脑没有缺陷，你就会成功。只要你想，你也一定会成功，一样会得到鲜花和别人对你尊敬与羡慕的眼神。虽然感觉功课已经比较吃力，但只要对自己功课的状况和薄弱环节进行准确的分析，需要补课就补课，需要请家教就请家教，成绩很快就可以赶上来。关键的问题是自己不能丧失信心。

要知道，你不傻，而且可以比别人做得更好。因为你的过去，你比别人对很多事情理解得更多；因为你比别人遭遇过更多的不平和坎坷，你比别人有更多丰富的体验；你失败的次数很多，这只能说明你比别人更富有。只要你闯过了这一关，你在以后无论遇到什么样的挫折也不会倒下。

你的体验和经历会让你变得更坚强，你应该会让所有认识你的人为之惊讶。不要多说什么了，也不要在乎别人曾对你说过什么，更不要在乎别人还将对你说些什么，你现在要做的就是告诉自己，你希望有个美好的将来。既然如此，你就从现在一点一滴地做起。

有的学生觉得发现自己的问题真的是难上加难，就像人们常说的"当局者迷，旁观者清"。总是觉得你该做的都已经做得很到位了，可是为什么效果却总是不显著呢？为什么你已经制定出

适合自己的目标，可是无论怎么努力却都反而离目标越来越远呢？答案很简单，如果不能明确自己在学习中的问题，所谓的"努力"就是争取用最多的时间和精力去做没有用的事情。

找到自己的问题并不困难。尽管有时候，对自己进行审视是一件很困难的事情。但是不要忽视考试这个十分有效、客观的检测手段。因为你的问题会很集中地反映在考试这个环节中。只要你把每次考试中的错题都能够认真对待，根据错题来寻本溯源，就很容易找到自己的薄弱环节，在日后的学习中，把这些环节当成重点，让错题发挥它该有的作用。

曾有一个学生说："其实我真的很希望成绩好，而且自己也挺认真的，可怎么就是考不好呢？我现在真的很怕考试，一想起来就烦！"

当被问到"那你有没有想过自己在学习上存在着什么问题"？

这个学生想了想，说："没有，大家都在同一个班上课，做同样的作业，我能有什么问题呢？"

可见，看不到自己的问题就是最大的问题。首先你要做的就是从自己的错题入手，发现知识上的漏洞；其次就是要留心自己是不是有不良的学习习惯，对知识的要求是透彻地明白或只是蜻蜓点水而已，做作业的时候是不是认真仔细，并且有无检查的习惯等。总之，问题其实就掩藏在一些细节里，而这些细节，却会起到让人意想不到的作用。

第二节 心态与学习潜力

有人能发挥潜力，能成功，是因为他能始终保持积极的心态。人生是好是坏，不由命运来决定，而是由心态来决定，我们可以用积极心态看事情，也可以用消极心态。但积极的心态激发潜力，消极的心态抑制潜力。

事实上，我们的心态在很大程度上决定了我们人生的成败。我们怎样对待生活，生活就怎样对待我们。我们怎样对待别人，别人就怎样对待我们。我们在一项任务刚开始时的心态决定了最后有多大的成功，这比任何其他因素都重要。人们在任何重要组织中地位越高，就越能找到最佳的心态。难怪有人说，我们的环境——心理的、感情的、精神的——完全由我们自己的心态来创造。

心态分积极心态和消极心态两种。积极心态能发挥潜力，能吸引财富、成功、快乐和健康，消极心态则能排斥这些东西，夺走生活中的一切。它使人终身陷在谷底，即使爬到了巅峰，也会被它拖下来。

积极的心态特点就是信心、希望、诚实和爱心、踏实等，消极心态的特点是悲观、失望、自卑、欺骗等。有这样一个故事，很好地说明了拥有积极心态和消极心态的两个人对同样事情的不同看法：

一个人被大水困住，只得爬上屋顶。邻居中有人漂浮过来说道："约翰，这次大水真可怕，难道不是吗？"约翰回答说：

"不，它并不怎么坏。"邻居有点吃惊，就反驳道："你怎么说不怎么坏？你的鸡舍已经被冲走了。"约翰回答说："是的，我知道，但是我6个月以前养的鸭子现在都在附近游泳。""但是，约翰，这次的水损害了你的农作物。"这位邻居坚持说。约翰仍然不屈服地说："不！我的农作物因为缺水而损坏了，就在上周，代理人还告诉我，我的土地需要更多的水，所以这下就全解决了。"这位悲观的邻居又再次对他那位欢笑的朋友说："但是你看，约翰，大水还在上涨，就要涨到你的窗户上了。"这位乐观的朋友笑得更开朗，说道："我希望如此，这些窗户实在太脏了，需要冲洗一下。"这是一个玩笑，但是也有幽默感。显然，约翰已经决定以积极的态度来应付各种情况，而他的邻居则是以消极心态来看待问题。

心态是为达到某种目的采取的心境或姿势。有了积极的心态，即使遇到消极的情况，你也能使心灵自动地做出积极的反应。达到这种境界，你必须以很多良好、清洁、有力的信息来充实你的心灵，甚至随时保持这种状况。

由此可见，潜力的发挥成功与否，关键在于心态。积极的心态有助于发挥潜力。

世界冠军摩拉里就是这样做的。早在少年时期，守着电视看奥运竞赛的年纪，他的心中就充满了梦想，梦想着即将到来的有趣之事。1984年一个机会出现了。他在他擅长的项目中，成为全世界最优秀的游泳者，但在洛杉矶的奥运会上，却只拿了亚军，想象与梦想并没有实现。

他重新回到梦想中、回到游泳池里，又开始意象和实际的训练。这一次目标是夺取 1988 年韩国汉城奥运金牌。他的梦想在奥运预选赛时就烟消云散，他竟然被淘汰了。

跟大多数人一样，他变得很沮丧。把这个梦想深埋心中，跑去康奈尔念律师学校。有 3 年的时间，他很少游泳。可是心中始终有股烈焰，他无法抑制这份渴望。

离 1992 年夏季赛前不到一年的时间，他决定再孤注一掷一次。在这项属于年轻人的游泳赛中，他算是高龄，简直就像是拿着枪矛戳风车的现代堂吉诃德，想赢得百米蝶泳赛的想法简直愚不可及。

对他而言，这也是一段悲伤艰难的时刻，因为他的母亲因癌症而离世了。母亲无法和他一起分享胜利的成果，可是追悼母亲的精神加强了他的决心和意志。令人惊讶的是，他不仅成为美国代表队成员，还赢得了初赛。他的纪录比世界纪录慢了一秒多，在竞赛中他势必要创造一个奇迹。

加强想象，增加意象训练，不停地训练，他在心中仔细规划赛程。不用一分钟，他就能将比赛从头到尾，仔细看过一遍。他的速度会占尽优势，他希望他能超越他的竞争者，一路领先。预先想象了赛程，他就开始游了，而那一天，他真的站在领奖台上，颈上挂着令人骄傲的金牌，凭着他的积极心态，摩拉里将梦想化为胜利，美梦成真。

雪莉·比维也是一个由于运用积极的心态而发挥潜力的典型。雪莉·比维 10 岁那年，别人告诉她，她永远不可能再走路了。22 岁那年，她以 1980 年美国小姐的身份走在伸展台上。

雪莉，1980 年美国小姐，11 岁时遭遇车祸，她的左腿被轧碎，缝了一百多针才缝合。医生告诉她，她永远不能再走路了。她受伤的左腿痊愈后，比健康的右腿短了许多。然而在几年后的一个基督教大会上，她看见自己的左腿"立刻长长了两寸"！她说她是靠"上帝的奇迹"走路的。但是另一个同样的奇迹在于她积极的心态。

那么她到底从哪儿得到如此绝妙的态度？在车祸发生前的一个偶发事件直接影响到她对自己生命的看法。5 岁那年，在一间小杂货店内有一个送牛奶的人看着她，并且对她说，她将来会成为美国小姐。雪莉相信他，也正是由这么一个积极有力的想法，诞生了积极的心态，也诞生了 1980 年的美国小姐。

与积极心态相反，消极心态会限制人的潜力。消极心态会使人看不到将来的希望，进而激发不出动力，甚至会摧毁人们的信心，使希望泯灭。消极心态就像一剂慢性毒药，吃了这服药的人会慢慢地变得意志消沉，失去任何动力，而成功就会离消极心态的人越来越远。

一匹赛马的故事就印证了这一点：

约翰·格里尔是一匹著名的良种赛马。它曾经取得过许多次赛马比赛的好成绩。它被认为是 1902 年 7 月的比赛中的种子选手，事实上，它的确是很有希望获胜的，它被精心地照料、训练、并被广告宣传为唯一能获得一个机会，击败在任何时候都占优势的赛马"战斗者"。

1902 年 7 月在阿奎德市举行的德维尔奖品赛中，这两匹马终于相遇了。

那天是一个极为庄严隆重的日子，万众瞩目着起跑点。当这匹马沿着跑道并列跑过时，人们都清楚"格里尔"是在同"战斗者"作殊死的搏斗。跑了 1/4 的路程，它们不分高低，跑了 1/2 的路程，跑了 3/4 的路程，它们仍然不分高低。在仅剩 1/8 的路程的地方，它们似乎还是齐头并进。然而就在这时，"格里尔"使劲向前蹿去，跑到了前面。

这时是"战斗者"骑手的危急关头，他在赛马生涯中第一次用皮鞭持续地抽打坐骑。"战斗者"的反应是这位骑手似乎在放火烧它的尾巴。它就猛冲到前面，同"格里尔"拉开距离，相比之下"格里尔"好像静静地站在那儿一样。比赛结束时，"战斗者"比"格里尔"领先了 7 个身长。

"格里尔"原是一匹精神昂扬的马，是一匹很有潜力的马。但是这次经历却把它打败了。格里尔从此消极、悲观、一蹶不振。后来它在一切比赛中都只是应付一下，终于没再获胜。

人虽然不是赛马，但是有格里尔精神的人却大有人在，他们也像格里尔一样，在积极心态的指导下，也曾经有过辉煌的时刻，但是当他们一遇到挫折，则他们的护身符便由积极心态翻到消极心态那一面，他们悲观、失望，看不到希望的灯火，从此一败涂地。

持有消极心态的人，对将来总是感到失望，在他们的眼中，玻璃杯永远不是半满的，而是半空的，而由此，潜力则永远也发挥不出来。

消极心态者不但想到外部世界最坏的一面，而且想到自己最坏的一面，他们不敢企求，所以往往收获更少，遇到一个新观念，他们的反应往往是："这是行不通的，从前没有这么干过。

没有这主意不也过得很好吗？这风险冒不得，现在这条件还不成熟，这并非我们的责任。"

所罗门曾经说过："他的心怎样思量，他的为人就是怎样。"换言之，人们相信会有什么结果，就可能有什么结果。人不可能取得他自己并不追求的成就。人不相信他能达到的成就，他便不会去争取。当一个具有消极心态的人对自己不抱很大期望时，他就会给自己取得成功的能力"嘭"的一声封了顶。他成了自己的潜力的最大敌人。

综上所述，潜力发挥的成功与否，关键在于我们的心态，心态积极，则就能随意进入生龙活虎的进取状态，乐观应付、充满把握，全身焕发活力、心智敏锐，从而你就会心想事成。当然，如果你心态颓废、消极，则会终身见不到潜力发挥的那一天，从而与成功无缘。

第三节　信心与学习潜力

碰上新情况时，人们往往花过多的时间去设想最糟糕的结局——这等于在预演失败。斯坦福大学的研究表明，头脑里的想象会按事情进行的实际情况，刺激人的神经系统，就像当一个高尔夫球运动员嘱咐自己"不要把球击入水中"时，他脑子里将出现球掉进水中的映象，试想，在这种心理状态下打出的球会往哪儿飞呢？一位著名的击剑运动员在一次比赛中输给了一个与自己水平不分伯仲的对手。第二次相遇，由于上次失利阴影的影响，这名运动员又输掉了，尽管他并非技不如人。第三次比赛前，这名运动员做了充分的准备，他特意录制了一盘磁带，反复强调自己有实力战胜对手，每天他都要将这盘录音听上几遍，心理障碍消除了，他在第三次比赛中轻松击败对手。

我们总能看到在体育比赛中，弱队战胜强队，大爆冷门，或是在商战中，实力弱的公司战胜实力强的公司。为什么呢？因为在诸多因素之中，充满必胜的信心去迎接挑战，是取得成功的基础。

缺乏自信常常是性格软弱和事业不能成功的主要原因。有一个美国外科医生，他以善做面部整形手术驰名遐迩。他创造了奇迹，经整形把许多丑陋的人变成漂亮的人。他发现，某些接受手术的人，虽然为他们做的整形手术很成功，但仍找他抱怨，说他们在手术后还是不漂亮，说手术没什么成效，他们自感面貌依旧。

于是，医生悟到这样一个道理：美与丑，并不仅仅在于一个人的本来面貌如何，还在于他是如何看待自己的。

一个人如果自惭形秽，那他就不会成为一个美人，同样，如果他不觉得自己聪明，那他就成不了聪明人；他不觉得自己心地善良——即使在心底隐隐地有这种感觉，那他也成不了善良的人。

一个人只要有自信，那么他就能成为他希望成为的那种人。

有这么一件事：心理学家从一班大学生中挑出一个最愚笨、最不招人喜爱的姑娘，并要求她的同学们改变以往对她的看法。在一个风和日丽的日子里，大家都争先恐后地照顾这位姑娘，向她献殷勤，陪送她回家，大家以假作真地打心里认定她是位

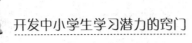

漂亮聪慧的姑娘。结果怎样呢？不到一年，这位姑娘出落得很漂亮，连她的举止也跟以前判若两人。她自豪地对人们说：她获得了新生。确实，她并没有变成另一个人——然而在她的身上却展现出每一个人都蕴藏的美，这种美只有在我们相信自己，周围的所有人也都相信我们、爱护我们的时候才会展现出来。

许多人以为，信心的有无是天生的、不变的。其实并非如此。童年时代招人喜爱的孩子，从小就感觉到自己是善良、聪明的，因此才获得别人的喜爱。于是他就尽力使自己的行为名副其实，造就自己成为他相信的那样的人。而那些不得宠的孩子呢？人们总是训斥他们："你是个笨蛋、窝囊废、懒鬼，是个游手好闲的东西！"于是他们就真的养成了这些恶劣的品质，因为人的品行基本上是取决于自信的。我们每个人的心目中都有各自为人的标准，我们常常把自己的行为同这个标准进行对照，并据此去指导自己的行动。

所以，我们要使某个人变好，应该对他少加斥责，要帮助他提高自信心，修正他心目中的做人标准。如果我们想进行自我改造，进行某方面的修养，我们就应首先改变对自己的看法。不然，我们自我改造的全部努力便会落空。对于人的改造，只能影响其内心世界，外因只有通过内因才能起作用。这是人类心理的一条基本规律。

对真善美的自信，于我们至为重要。我们总是本能地竭力保持这种自信所造成的形象。我们也接受别人的批评，但我们接受的只是那些善意的和那些我们认为对自己信任和爱护的人的批评。若是有人伤害我们的自尊心，即以己之见贬低我们，训斥我们，谩骂我们是笨蛋、傻瓜时，我们便愤然而起，进行反击。我们的心理自发地护卫着自己，护卫着人最宝贵的品格——自信心。假若有人削弱了我们的自信心，那我们真的就会堕落，我们追求真善美的意志就会衰退。

一个人真有性格，就会有信心，就会有勇气。大音乐家华格纳遭受同时代人的批评攻击，但他对自己的作品有信心，终于战胜世人。黄热病流传许多世纪，死的人不计其数。但是一小队医药人员相信可以征服它，在古巴埋头研究，终告胜利。达尔文在一个英国小园中工作20年，有时成功，有时失败，但他锲而不舍，因为他自信已经找到线索，结果终得成功。

由此可见，信心的力量惊人，它能改变恶劣的现状，造成令人难以相信的圆满结局。充满信心的人永远击不倒，他们是人生的胜利者。

拿破仑曾经说过："我成功，是因为我志在成功。"如果没有这个目标，拿破仑必定没有毅然的决心与信心，当然成功也就与他无缘。

信心对于立志成功者具有重要意义。有人说，成功的欲望是创造和拥有财富的源泉。人一旦拥有了这一欲望并经由自我暗示和潜意识的激发后形成一种信心，这种信心就会转化为一种"积极的感情"。它能够激发潜意识释放出无穷的热情、精力和智慧，进而帮助其获得巨大的财富与事业上的成就。

所以，有人把"信心"比喻为"一个人心理的建筑工程师"。在现实生活中，信心一旦与思考结合，就能激发潜意识来

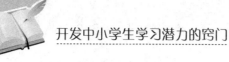

激励人们表现出无限的智慧和力量，使每个人的欲望转化为物质、金钱、事业等方面的有形价值。

你的某些性格正昏睡不醒，成就的种子如果被唤起而付诸行动，会带给你极高的成就，那可能是你不曾希望获得的。

就像一个音乐家，能够触摸一提琴的弦而发出优美动人的旋律，因此你可能唤起昏睡在大脑里的天才，促使你达到你所希望达到的目标。

下面的这个故事，就印证了信心的威力。

一个人，他把全部财产投资在一种小型制造业上。由于世界大战爆发，他无法取得他的工厂所需要的原料，因此只好宣告破产。金钱的丧失，使他大为沮丧。于是，他离开妻子儿女，成为一名流浪汉。他对于这些损失无法忘怀，而且越来越难过。到最后，甚至想要跳湖自杀。

一个偶然的机会，他看到了一本名为《自信心》的小书。这本书给他带来勇气和希望，他决定找到这本书的作者，请作者帮助他再度站起来。

当他找到作者，说完他的故事后，那位作者却对他说："我已经以极大的兴趣听完了你的故事，我希望我能对你有所帮助，但事实上，我却没有能力帮助你。"他的脸立刻变得苍白。他低下头，喃喃地说道："这下子完蛋了。"

作者停了几秒钟，然后说道："虽然我没有办法帮助你，但我可以介绍你去见一个人，他可以协助你东山再起。"刚说完这几句话，流浪汉立刻跳了起来，抓住作者的手，说道："看在老天爷的份上，请带我去见这个人。"于是作者把他带到一面高大的镜子面前，用手指着镜子说：“我介绍的就是这个人。在这世界上，只有这个人能够使你东山再起。除非坐下来，彻底认识这个人，否则，你只能跳到密歇根湖里。因为在你对这个人作充分的认识之前，对于你自己或这个世界来说，你都将是个没有任何价值的废物。”他朝着镜子向前走几步，用手摸摸他长满胡须的脸孔，对着镜子里的人从头到脚打量了几分钟，然后退几步，低下头，开始哭泣起来。

几天后，作者在街上碰见了这个人，几乎认不出来了。他的步伐轻快有力，头抬得高高的。他从头到脚打扮一新，看来是很成功的样子。“那一天我离开你的办公室时，还只是一个流浪汉。我对着镜子找到了我的自信。现在我找到了一份年薪3000美元的工作。我的老板先预支一部分钱给家人。我现在又走上成功之路了”。他还风趣地对作者说，“我正要前去告诉你，将来有一天，我还要再去拜访你一次。我将带一张支票，签好字，收款人是你，金额是空白的，由你填上数字。因为你介绍我认识了自己，幸好你要我站在那面大镜子前，把真正的我指给我看。”那人说完话后，转身走入芝加哥拥挤的街道，这时，作者终于发现，在从来不曾发现“信心”价值的那些人的意识中，原来也隐藏了巨大的潜力。

世界上，除了信心之外，还有其他的力量能做这样的事吗？

第四节　信念与学习潜力

在诺曼·卡真斯所写的《一个病理的解剖》一书中，说了一则关于大提琴家卡萨尔斯的故事。

卡真斯和卡萨尔斯会面的日子，恰在卡萨尔斯90大寿前不久。卡真斯说，他实在不忍看那老人所过的日子。他是那么的衰老，加上严重的关节炎，不得不让人协助穿衣服。呼吸的费劲，看得出患有肺气肿；走起路来颤颤巍巍，头不时地往前颠；双手有些肿胀，十根手指像鹰爪般地钩曲着。从外表看来，他实在是老态龙钟。

就在吃早餐前，他贴近钢琴——那是他擅长的几种乐器之一。很吃力地，他才坐上钢琴凳，颤抖地把那钩曲肿胀的手指抬到琴键上。

霎时，神奇的事发生了。卡萨尔斯突然完全变了个人似的，透出飞扬的神采，而身体也跟着开始能动并弹奏起来，仿佛是一位身体健康的钢琴家。卡真斯描述说："他的手指缓缓地舒展移向琴键，好像迎向阳光的树枝嫩芽，他的背脊直挺挺的，呼吸也似乎顺畅起来。"弹奏钢琴的念头，完完全全地改变了他的心理和生理状态。随着他奏起布拉姆斯的协奏曲，手指在琴键上像游鱼般轻快地滑逝。

"他整个身子像被音乐融解，"卡真斯写道，"不再僵直和佝偻，代之以是柔软和优雅，不再为关节炎所苦。"在他演奏完毕，离座而起时，跟他当初就座弹奏时全然不同。他站得更挺，看来更高，走起路来也不再拖着地。

他飞快地走向餐桌，大口地吃着，然后走出家门，漫步在海滩的清风中。

这就是信念产生的威力，我们常把信念看成是一些信条，而它就真的只能在口中说说而已。但是从最基本的观点来看，信念是一种指导原则和信仰，让我们明了人生的意义和方向；信念人人都可以支取，并且取之不尽，用之不竭；信念像一张早已安置好的滤网，过滤我们所看的世界；信念也像脑子的指挥中枢，指挥我们的脑子，照着所相信的，去看事情的变化。卡萨尔斯热爱音乐和艺术，那不仅曾使他的人生美丽、高贵，并且仍每日带给他神奇。就因为他相信音乐的神奇力量，使他的改变让人匪夷所思；就是信念，让他每日从一个疲惫的老人化为活泼的精灵。更进一步地说，是信念，让他活下去。

司图密尔曾说过："一个有信念的人，所发出来的力量，不下于99位仅心存兴趣的人。"这也就是为何信念能开启卓越之门的缘故。当我们内心相信，信念便会传送一个指令给神经系统，我们便不由自主地进入信以为真的状态。所以，若能好好控制信念，它就能发挥极大的力量，开创美好的未来；相反的，它也会让你的人生毁灭。是信念，能帮助我们，挖掘出深藏在内心的无穷力量。

信念也像指南针和地图，指引出我们要去的目标，并确信必能到达。然而没有信念的人，就像少了马达缺了舵的汽艇，不能动弹一步。所以在人生中，必须要有信念的引导，它会帮助你看到目标，鼓舞你去追求，创造你想要的人生。

世界上没有任何力量像信念这样，对我们的影响如此巨大。若有人想改变自己，那就先从改变信念开始；如果想效法伟人，那就效法他成功的信念吧！我们对人类行为了解的越多，就越会发现信念影响我们的非凡力量。在许多方面，这股力量的作为与

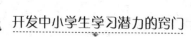
我们所认为的情况背道而驰，尤其是在生理状况方面，信念会控制事实。一位具有双重性格的女性，她血液中血糖完全正常，但她相信自己患有糖尿病，结果她的生理状况就真的显示出糖尿病的症候。

在类似的实验中，有许多人在催眠状态下，碰触一块冰块，然后告诉他们是一块烧红的金属，结果在碰触部位就冒出水泡。

有许多人都知道安慰药的作用，它对治病不一定真有效果，多半是用来哄骗病人，使其心理相信，实现治疗效果。卡真斯就曾亲身体验过信念的力量，因而消除病因，他说："吃药打针不是绝对需要，但康复的信念必须要有。"另外还有一宗著名的安慰药研究病例，对象是一位患有溃疡的人。他们被分为两组，研究人员告诉第一组的人，即将服用一种有绝对疗效的新药，对第二组的人说，即将服用尚不知疗效的实验药，然后在不告知实情的情况下，给二组人服用完全相同的没有疗效的药。实验结果，在第一组，70%的人觉得有效；在第二组，只有25%的人觉得有效。差别就在于双方的信念不一样。

威尔医生曾做过一次研究，结果显示服药者的效果和他对药效的信念成正比。他发现能让注射安非他命（兴奋剂）的人平静，注射巴比妥盐（镇静剂）的人兴奋。"药的神奇之处是在服用者的心理，不是药物本身。"他下结论道。

以上的例子，说明了一个事实，那就是影响结果最大的是信念。信念不断地把信息传给脑子和神经系统，造成期望的结果。所以，如果你相信会成功，信念就会鼓舞你去实现；如果你相信会失败，信念也会让你经历失败。

再一次提醒你，不论你说能或不能，你都算对。既然这两种信念都有很大力量，那么我们该拥有哪种信念？如何去培养它呢？信念是运用本身能力达到目标的关键，我们有必要更深入地探讨这个主题。

安东尼·罗宾说："就我而言，信念最真实之处便是让我能充分发挥所长，将美梦付诸行动。"人们常常会对自己本身或自己的能力产生"自我设限"的信念，其中的原因可能是因为过去曾经失败过，因而对于未来也不希望会有成功的一日。

出于这种对失败的恐惧，长久下来他们便开始学得"务实"。有的人经常把"务实一点"这句话挂在嘴边，事实上他乃是害怕，唯恐再一次遭到挫败的打击。长久以来内心的恐惧成为一个根深蒂固的信念，当遇到事时便踌躇不前，即使做了也不会尽全力，不用说结果必然不会有多大的成就。

伟大的领导者很少是"务实"的，他们非常聪明，遇事也拿得准，可是就一般人的标准来看绝对不务实。然而什么叫做务实呢？那可全然没个准，就甲看来是件务实的事，可是换成了乙就全然不是那么回事，毕竟是不是务实，那全得看是以什么样的标准而定。

印度国父甘地坚信采取温和的手段跟英帝国主义抗争，可以使印度获得民族自决的权利，这是前所未有的事，就很多人来看这可是痴人说梦话，不过事实却证明他的看法极为正确。

同样的情形，当年有一名美国人放话要在美国加州橙谷建造一座有特色的游乐园，让世人在其中能重享儿时的欢乐，有好多人都认为那简直是在做梦，可是沃特·迪斯尼却像历史中

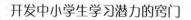

少数那些有远见的人一样，把神话里的世界真的带到这个世界上。

如果你打算人生中做出一件错误的事，那么就低估自己的能力吧（当然，那可不能危害到自己的生存），不过这件事可并不容易做，毕竟人类的能力远大于所能想象的程度。事实上根据许多调查，发现悲观的人与乐观的人在学习一样新的技能时有很大的差异，前者只想做到合乎要求即可，可是后者往往却想做到超过能力所及的地步，就是这种对自己不务实的要求造成后者的成功。

为什么最终前者会失败而后者会成功呢？因为乐观的人心里根本就没有成功或失败的依据，即使有他们也刻意不去注意，从而就不会产生像"我失败了"或"我不会成功"的念头。相反的，他们不断加强自己的信念、不断地发挥想象力，期望后面的每一步都走得更好，以至于终于成功。

就是这种特质和不寻常的观点，让他们得以坚持不懈，以期达到所期望的成就。成功之所以让那么多人向往，乃是因为他们在过去并未有过足够的成功经验，可是对于那些乐观的人来说，他们只有一个信念，就是"过去并不就等于未来"。一切伟大的领导者，不论他们是在人生的哪个领域中有杰出成就，都知道全心追求理想所能发出的力量是无比的，哪怕他们丝毫不知道要怎么去做。如果你能有积极信念，其所衍生的信心必然能使你完成各样的事情，即使是别人认为不可能的。

信念强烈能使人有所成就。当一个人拥有这样的信念时，不仅坚信而且不动摇，假使有人对其怀疑，还会惹得他因此而动怒。这种人对于所持的信念不容有一丝的怀疑，百分之百地排斥新的依据，其强烈程度到了几乎冥顽不灵的地步。

比如说，历代的宗教狂热分子就只相信他们所信的神才是世上唯一的真神，若有人敢怀疑，他们不惜生命也要维护这个信念。往往这类的狂热信念使得野心分子自认为救世主，在神圣的名义下行其残害他人的意图。这也就是何以十多年前有一个名叫吉姆·琼斯的疯子，在圭亚那用剧烈毒药诱骗其数百名"人民庙堂"的信徒集体自杀，造成举世震惊的大新闻的缘故。

当然，强烈的信念并不只限于狂热分子才有，任何一个对于某种思想、信仰、主义愿意奉献牺牲的人也都具有这样的信念。一个反对地下核试验的人必然是有他的看法，然而若他拿出大多数人不愿参与也不敢投入的行动，或在试验现场附近、执行机关前抗争，那么他可算是有强烈的信念的了；有的人不满公共教育的现状，那必然也是有他的看法，可是那人若自愿投入推动扫除文盲的计划，那就非得有强烈的信念不可；一个人成天在想若是有一天能拥有一个冰上曲棍球队有多好，这可能是个游移的信念，可是他若千方百计地买下了一个球队，没有强烈的信念是不会成功的。

你可知道肯定的信念跟强烈的信念不同之处在哪里？不用说是在于是否有行动的意愿，事实上一个有强烈信念的人对于所相信的必然很执著，为了实现这个信念，他们不怕被人三番两次地拒绝，也不怕被人讥笑是个傻瓜。

造成肯定的信念和强烈的信念最大的不同，或许在于后者相信的程度通常较强烈，那是因为其在脑海里形成强烈肯定的结果，这种信念最后很可能就是这个人活着的唯一目的。抱持强烈信念的人最可虑的，就是他根本不相信这个信念会有错误的可能，因此便一味死抱着不放，结果很可能是一败涂地。由此观之，有时候肯定性的信念或许是比强烈的信念要妥当得多。

不过强烈的信念也有它正面的一面，就因为它确实能激励人心，所以会促使我们拿出实际行动。耶鲁大学心理学及政治学教授罗伯·阿拜生曾说过："信念乃是一种动力，而强烈的信念乃是更有价值的动力，让一个人持久不懈地努力，以完成跟大众或个人有关的目标、计划、心愿或理想。"安东尼·罗宾指出："若是想在人生中有一番成就，最有效的办法便是把信念提升到强烈的地步。因为只有达到这种程度才会促使我们拿出行动，扫除一切横在前面的障碍。"肯定的信念固然在某些时候能发挥一定程度的作用，可是有些事还真需要像达到强烈信念那样的程度才能成功。就像是身体肥胖这件事来说，唯有强烈的信念才能迫使人下决心减肥。没有强烈的信念，真正要减肥也非一件易事。当你强烈相信自己是个有能力掌握人生的聪明人时，这个信念就可帮助你度过人生中各种艰苦的时光。

第三章　开发全脑发掘学习潜力

　　智慧源于大脑，人的一切知识都是由大脑所复制和记忆下来的。科学研究表明，人的大脑拥有100多亿个细胞，而我们只使用了它很小一部分。因此，对正在如饥似渴地学习知识的青少年学生来说，开发大脑的潜力意义非同一般。大脑是一座开发不完的金矿，如果一个人能在正常使用之外，再开发出百万分之一的大脑潜力，他就可以成为世界上最富有的知识富翁。所以，青少年学生要想轻松顺利地学好知识，一定要注意开发自己的脑能，而不要只顾埋头苦学苦读，这样才能收到事半功倍的效果。

第一节　认识你的大脑

　　大脑是主掌人的智力和情感体验的核心器官，是指导人的一切活动的指挥中枢。探索大脑的奥秘，明了大脑的构造，有助于我们科学正确地开发和使用大脑。

　　在瞬息万变的高科技时代，电脑对人类有着举足轻重的作用。众所周知，电脑的内存是有规格的，它的规格限定着它的容量。但人脑却是一个"超级内存"，像一座深不见底的金矿，可以供你无限开采。然而，迄今为止，这座金矿被我们开采的程度还很低。世界著名的控制论专家 N·维纳说："每一个人，即使

是创造了辉煌成就的人，在他的一生中利用自己大脑的潜力也不到百亿分之一"。

众所周知，爱因斯坦创造了狭义相对论和广义相对论；普朗克创造了物理学中的量子理论；维纳创造了控制论；这些科学理论和科学思想的创立和发展对当代历史产生了重要的影响和推动作用。人们试图从爱因斯坦、普朗克、维纳这些自然科学家的大脑中寻找出与普通人的大脑所不同的物质。美国普林斯顿大学的脑研究中心，前苏联的列宁格勒脑研究所，分别对爱因斯坦和列宁的大脑进行了仔细研究，制成了几万张切片，在各种特殊的仪器上进行对比分析。结果是，爱因斯坦的大脑重 1240 克，列宁的大脑重 1200 克，都和普通人大脑没有什么区别，而且也没有找到结构上的任何不同。那么，为什么爱因斯坦和维纳等科学家能够创立这样伟大的科学理论呢？

人类的大脑是世界上最复杂、效率最高的信息处理系统。虽然它的重量只有 1400 克左右。但其中却包含着 1000 多亿个神经元，在这些神经元的周围还有 1000 多亿个胶质细胞。大脑的存储量大得惊人，每秒钟大脑可以记录 1000 个信息单位，也就是说，人的一生当中能够记住周围所发生的一切事情。

一般来讲人脑具有 120～150 亿个神经细胞，轴突是传输信息的主要接口。每个神经细胞还分裂出 0.2 万～2 万个树状突，树状突有储存信息的功能，并能接收其他细胞传递来的信息，形成精细严密的信息传递网络。

如果你熟悉互联网的话，一定知道它可以取得千里之外的信息，其实人脑处理信息的能力，不论是难度还是速度都是计算机和互联网所望尘莫及的。

人的大脑的功能奥妙无穷，首先是调节内部功能，大脑时刻从体内接收信息，并加以处理后再传送给有关器官，进行调节。例如，大脑所需要的营养不足，便马上发出饥饿的信号，指令进食器官多吃食物；如需要加大供血量时，便马上指令心脏加快收缩，使血流循环加快。大脑的这种调节功能使人体始终保持完好的内部平衡。

人的大脑也能随时从外界环境中接收信息，并对信息加以处理，以此调节整个身体的姿态，以保持和外部环境的协调与一致。比如，正在跑步的人，突然看见前面有一条水沟，大脑便迅速把视觉收集到的水沟信息加以处理，做出判断，命令腿部有关肌肉收缩用力，跳过水沟。

人的大脑不仅可以存贮大量模式的信息，而且还可以把任意两个或两个以上模式的信息分离开来，并加以比较，然后将这种比较结果用一种更高级的"模式"来表示，这就是概念。人的大脑还能把许多概念加以比较，建立联系，有时还能纳入完整的逻辑体系，这就是理论，就是新的科学思想。

人的大脑由大脑、小脑和脑干三大部分所组成，智慧和判断力是由大脑的左右两半球主导。大脑占据了整个头颅的大半部分；而小脑的面积只有大脑的1/8左右，其功能是维持平衡和协调肌肉活动；脑干又称为下脑，控制饥、渴、睡眠与性行为等功能。

人类主掌智能能力的部门当然是大脑。刚出生时，人类的大脑重约300克，但是接着便很快地增加，到了五六个月时至少增

加 1 倍，3 岁时已达成人脑部重量的 70%，四五岁时可增加到 80%，6 岁时达到 95%，在 20 岁前后才完全成熟，以后则随着年龄的增加，重量反而会逐渐减轻。

人类大脑是由一层薄膜包围着脑细胞的半球体，脑细胞的数量大约有 140 亿~160 亿，脑细胞的薄膜通称为大脑皮质。大脑皮质形成双重构造，上面的称为"新皮质"（又称上极层），里面的称为"古皮质"（又称下极层）。古皮质主管人的本能智能，"新皮质"主管有意识的知识及经验。

其实下极层是人类天生的本能，隐藏着数百万年进化而来的思考潜力，那股未可知的神秘力量，远超过上极层力量的 50 倍到 100 倍以上。但是到目前为止的所有教育工作，几乎都是为了上极层已成熟后的大脑思考能力而设计的。对于能够控制而影响上极层动作的下极层思考训练，我们所作的努力不到 1/10。3 岁以前人类所有大脑的思考动作，都在于下极层的古皮质，但 3 岁以后，上极层逐渐成熟，大脑思考的功能也由下极层逐渐转移到上极层。

临床解剖学和有关方面的研究表明，在生理构造上，人的大脑分为左右两个半球，由一个胼胝进行连接，两个半球不对称，功能也各不相同。

自从 16 世纪笛卡儿提出"心是一个，大脑为何是两个"这一问题以来，世界各国专家对大脑的研究始终没有停止过，提出了许多的理论和假说。对大脑最早的研究见于解剖生理学和神经生理学领域。

其成果表明，人的大脑左右两半球呈镜面对称，通过由大约

2 亿条神经纤维组成的胼胝体进行频繁的信息交换。左右两部分神经呈交叉状，大脑左右两半各将相反一侧半身置身于自己的管辖之下，躯体和四肢运动是由右侧大脑半球的运动区指挥的。

我们人人都拥有一颗精妙绝伦的大脑，这个大脑拥有无限的能量。人类大脑同宇宙天体一样奥妙无穷，科学家们一直在探索之中。

人类的大脑是身体中最精密的器官，约有中学生两个合起来的拳头大小。重约 1300～1400 克，平均重量为 1320 克，相当于人体自身体重的 2%。

大脑在母体子宫内及出生后加固，这一时期成长最快，3 岁就与成人几乎相当。它被防护能力极强的脑颅层层包围，严密地保护着。

大脑的轻重与智力是否有直接的关系？这是人们普遍关心的问题，因此，大脑大小、重量与聪明、愚笨是否有关？脑细胞质量、重量与遗传是否有关？大脑衰退是否与年龄老化有关？这三个问题常常成为人们争论的焦点。实际上，一个人的能力如何，与以上几个方面均没有太大的直接关系。

大脑拥有约 1 兆个脑细胞。其中 1000 亿个为活跃的神经细胞（神经元），专门负责传输、处理信息；9000 亿个神经腭细胞（支持细胞），支持、维护那 1000 亿个神经细胞。

数以兆计的脑细胞都与几万个细胞连接，那 1000 亿个神经细胞中的每个子细胞还与 2 万个分支（树状突）联结，从而构成了庞大的网络体系，以电子刺激与化学变化方式不停地处理着每秒钟几百万个信息，循环往复、永无休止。类似于世界上最庞大的电话网络，或像尼亚加拉大瀑布。

大脑外表由一层薄膜——大脑皮质（平均 2.5 毫米）覆盖（包裹）。如果展开，大约同一张报纸的一个版面差不多大小，它由 140 亿个神经细胞构成。如果说大脑是一台电脑，神经细胞就是晶体管（芯片），这个晶体管的配线优劣，决定了大脑的优劣。但这配线是完全可以后天改进或通过"革命"进行改造的。

第二节　左脑与右脑

众所周知，人的一切思想和行动都由大脑指挥，但是，左脑与右脑的指挥功能是不同的。左脑是知识"司令"，它的职责是以思维、分析思维、集中思维为主，进行智力开发；右脑是创造"司令"，它的职责是以想象力、直觉思维、扩散思维为主，进行创造开发。右脑的功能是锻炼敏锐的直觉学习，左脑则是合理性的组合及判断；右脑可提供左脑更多的情报，左脑可以给右脑整理信息，以利于实际的运用。因此，只有同时拥有灵敏的左脑及右脑，才能保证一个人优秀的学习能力。

"左右脑分工"理论是美国的斯佩里博士首先提出来的。根据这一理论，大脑左右半球具有两个相对独立的意识活动区，左脑是理性脑，又称为言语脑，主管言语、文字、符号、分析、计算、推理、判断、构成、立体认识、推论的思考等，是人类读书、计算、写作时的动作重心，并且直接指挥身体右半部的运动机能，如右眼、右耳、右手、右脚等动作。也就是说，左脑遵从自己一贯的原则，通过语言进行有序的条理化思维，即逻辑思维。

与此不同，右脑是感性脑，又称为映像脑，主管音乐、绘画、图形、色彩、映像、感情、非语言的观念、空间认识、立体认识、想象、创造、非理论的感性等，并且直接指挥身体左半部的运动机能，如左眼、左耳、左手、左脚等动作，右脑倾向于以感觉形象直接思维，好奇心旺盛并且极富创造力，负责可视的、综合的、几何的、绘画的思考行为，观赏绘画、欣赏音乐、凭直觉观察事物、纵览全局，这都是右脑的功能。计算机可以取代人脑的左脑功能，而无法取代右脑的独特功能和无限的创造力。

左脑和右脑的机能完全不同。左脑工作节奏非常缓慢，而右脑节奏却异常快，能够超高速地处理进入大脑的信息，具有自主性。

左脑的创造力非常贫乏，真正的创造力存在于右脑之中。创造力与速度及想象有关。

例如，用左脑，也就是用理解看完一本书要花费好几天时间，但是用右脑，也就是用想象看完一本书只需很短的时间。用左脑的方法是一部分一部分地通过理解来记忆，在此过程中最先看过的部分会逐渐淡忘。而用右脑看书的方法则是先迅速地用眼睛扫一遍书，这样就获得了一个整体印象，部分与部分之间也可以比较对照出来。

右脑能够在瞬间把握整体，这样就可以用直觉修改错误的部分，正确地对信息加以整理。但是只能一部分一部分看的左脑几乎没法运用灵感或直觉，因而没有创造性。

研究表明，人的大脑有两个重要功能，一个是思维，一个是

情感体验，也被称为"每个人不但有一个情感的大脑，还有一个理智的大脑。"情感大脑也称为情感中枢，是大脑皮层下中枢，在大脑两半球的内侧面并围绕脑干，被称为边缘系统，它好像衣领似的裹住了脑干，也有点像底部被咬了一口的面包圈，脑干就嵌进这个缺口。边缘系统是较广泛而复杂的结构，它不仅包括边缘叶的结构，即扣带回、海马回和齿状回，还包括皮层下核，如丘脑核、下丘核、隔阂和杏仁核等。边缘系统出现在最早的哺乳类动物身上，因此通常也称作"古哺乳动物"脑，主要负责情绪功能，在情绪体验和表达中起重要作用，同时也演化出学习和记忆两大功能。情感反应远比理智敏捷，常有冲动性，有时不合逻辑，反应强烈。

由于边缘系统是控制情感、情欲的中心，它又在学习记忆中起关键作用，两者联系密切。所以当你在学习时，如投入情感，就能够记得更牢。

理智大脑是指大脑皮层，它在边缘系统顶上，是由大脑两半球的皮层组成。像一张皱巴巴的地毯包裹覆盖在大脑球体的最外层，脑皮层大约有30毫米厚，分为6层，每层都有不同的功能。理智脑的主要功能是思维，是接收和整合信息的中心，是在清醒意识层面的认知模式。可清晰地进行思考、探索和反省。既可感受观念、语言交流、数理逻辑思维和推理，也可进行音乐、艺术、空间识别和形象化想象等。新皮质具有掌握概念、谋略、规划和调控情感行为活动的作用。

情感大脑和理智大脑两者相互区别又互相影响，从而建构了人们丰富多彩的心理世界。

　　边缘系统结构中的两个重要组织是杏仁核和海马回。海马回和杏仁核作为边缘系统结构的两个重要神经组织，主要承担了学习和记忆的功能。杏仁核专门负责情绪事务，如愤怒、恐惧、悲痛、惊喜、焦虑等所有的激情都是杏仁核的功能；海马回的主要功能是记忆普通事物，识别、储存事情的模式和细节，而杏仁核专门记忆有情绪价值和意义的事物。海马回主要记住事实经过，杏仁核要评估其是否具有情感价值。举例说，海马回能识别出谁是你的表妹，但杏仁核会提醒你，其实你并不喜欢她。在学习活动中，海马回能识别你记住的是语文还是外语，杏仁核提醒你是否对它们有兴趣。如果损毁了海马回则影响了记忆事实的功能，如果切除了杏仁核则完全不能评估事物的情感意义，也就失去了爱、恨、恐惧，因此成为"情感盲"。丹尼尔·戈尔曼说道："杏仁核好像是情绪记忆及其存在意义的宝库，没有了杏仁核，对个人而言，生命便被剥夺了意义。"

　　杏仁核的功能既相对独立又受大脑皮层的调控。产生情绪反应的神经环路有两条，一条是眼、耳等感官接受刺激经丘脑将绝大多数信息传导至大脑皮层，大脑皮层对各种信息进行分析整合，再传至杏仁核，由杏仁核表达情绪反应。另一条则是刺激信息经丘脑少量地直接传送杏仁核，这种捷径被称做短路机制或紧急通道。在应急情境下，杏仁核一旦接受到由丘脑传来的危急信号，就会发出敌情警报，激活肾上腺素和肾上腺素的分泌，给机体填充能量，增强战斗或逃避的应急力量。至于危险究竟是什么，为什么要爆发强烈的情绪反应，那不是杏仁核的功能。它的快速反应只是为了抢先千分之几秒，这条捷径从进化的角度看具

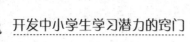
有生存竞争的伟大意义。这种应急情绪反应之强烈，是大脑皮层难以控制的，而强烈的负面情绪如焦虑、烦躁、愤怒等反而干扰大脑皮层的正常动作，使之无法思考。戈尔曼说："这也是为什么长期的情绪困扰可导致儿童的智能缺损，剥夺他们的学习能力。"因此，在学习中，使自己保持正常和愉悦的情绪状态，避免使学生陷入长期的情绪困扰，这既是保持心理健康，也是促进心理发展和提高学习成绩的有效策略。

在一般情况下，来自丘脑的绝大部分信息都会传导至大脑皮层，大脑皮层各区域再经过多层级神经网络分析、综合信息，感受事物的意义，并通过前额叶进行加工整合和判断，继而全面指挥协调反应。

如要求作出情绪反应，信息将很快传送至杏仁核，这时的杏仁核就会依据一定目标规划、引发、组织适当的情绪和行为反应。可以说大脑皮层，特别是前额叶能够对信息进行分析整合和评估，从而对杏仁核及其他边缘系统结构的功能进行调节、控制和协调，并采取适当的情绪反应策略，作出适时适地适度的情绪反应，产生有理智的情绪反应，减少粗暴的情绪短路行为。可以说，大脑皮层和前额叶是筛检信息和调控杏仁核的缓冲装置，是情绪的指挥员，它的反应慢于短路机制，它能分析评估情绪反应的价值，能给情绪更多的理智，使情绪反应尽可能适时适度而富有情理。

总之，在遇有危机时杏仁核有启动情绪爆发的短路机制，强烈的情绪冲动能干扰大脑正常的思维活动，而大脑皮层的前额叶有关掉或筛检消极情绪的按钮，调节和控制排山倒海似的情绪骚动，协调杏仁核的情绪表达和反应。正像丹尼尔·戈尔曼所说："杏仁核的功能及其与新皮质的相互作用乃是情感智商的核心。"两者协调合作的优劣，既决定了智能水平，也决定了情感智商的高低。如通过教育培养使两者保持平衡与和谐，将大大增强人的心理素质，促进全面发展，为未来成功、成才打下良好的基础。

记忆是人类使用最频繁也是最重要的大脑功能之一，如果我们能够知道增强记忆的方法并运用到实践中去，那么我们对大脑的使用将大为改进，使大脑能够变得更加灵活，运转效率也会极大提升，这样，学习能力低下的孩子在成绩方面可以取得大幅度的提高；而成年人则能在复杂的信息社会中游刃有余。

人的意识分为两种：表层意识和深层意识，这两种意识的工作内容完全不同。意识位于大脑左半球，潜意识位于右半球，通常人们只使用外部的意识，而很少使用潜意识，其实出色的记忆力就存在于我们的潜意识中。

一般情况下我们认为通过背诵达到理解的目的是很重要的。然而理解行为只运用了我们的表层大脑，大量反复的朗读和背诵可以帮助我们打开大脑内由表层脑到深层脑的记忆回路，从而改善我们的记忆素质。浅层记忆发生在表层大脑中，很快就会消失得无影无踪，而通过深层记忆回路，大脑的素质会发生改变。深层记忆回路是与右脑连接在一起的，一旦打开了这个回路，它就会和右脑的记忆回路连接起来，形成一种"优质"记忆。左脑的记忆回路是低速记忆，而右脑则是高速记忆，两者的性质完全不同，左脑记忆是一种"劣根记忆"，右脑记忆则让人惊叹，它有"过目不忘"的本领。形象地说，人的记忆宛如一盘录像带，看到的场景，听到的事情，都会无一疏漏地存入大脑。右脑好似一个能无限地收藏录像带的巨型仓库。为便于提取，每盘带子依场景、情节的不同贴上标签，这便是左脑管辖范围内的功能之一——语言的职责，由于左脑记忆的文字信息量远远少于右脑，这两种记忆的能力之比竟高达 1∶1000000。

我们处在信息大爆炸的时代，一个人今天掌握的知识是古代人的几千倍几万倍，因此如何在如此庞大的信息库中有效地将搜集的信息储存是人的潜力开发的关键，而这也正是右脑的功能。但是，虽然我们人类拥有这么神奇的右脑，一般人却只使用靠"劣质记忆"来工作的左脑，而右脑一直在睡觉，所以说人们一直在错误地使用自己的大脑一点也不过分。

第三节　神奇而强大的右脑

传统教育是左脑教育，注重开发人的语言、逻辑、分析、抽象等能力。然而近代心理学研究表明：右脑具有超高速的信息处理能力，比左脑蕴含更大的潜力。任何人只要开发右脑，充分释放脑能救获得惊人的记忆力。

在形象思维和抽象思维的对比中，我们不少人在认识上都有这样的误区：认为与抽象思维比较起来，形象思维是比较低级的思维，或者这种思维只适合在艺术创作中使用，而科学家是不会用到它的。其实不然，每个科学进步的例子都告诉我们，形象思维在科学的创造中起着头等的作用，借助于艺术上的想象，科学家们才得以在科学的殿堂上洞开一片天地。

形象思维和抽象思维所代表的就是右脑思维和左脑思维。

我们知道，右脑主要负责直观的、综合的、几何的、绘画的思考认识和行为，承担着形象思维功能；右脑的形象思维是一种脱离语言躯壳，凭借头脑中储有的表象进行的思维。而左脑的逻辑思维和推理则是依据现有知识并在现有理论的框架内得出结论；思考过程是左脑一边观察右脑所描绘的图像，一边把它符号化、语言化的过程，即左脑具有很强的工具性，它负责把右脑的形象思维转化为语言。可见，左脑不产生新的知识，而右脑的非逻辑思维则创造新的理论和观念，孕育新的知识。创造力是智力的最高表现，左右脑的分工决定了人的创新能力，当然，这与右脑思维密切相关。

创新能力或者说创造力，就是把头脑中那些被认为毫无关系的情报信息联结、联系起来的能力。这种并不关联的信息之间的距离越大，把它们联系起来想就越新越奇。人的大脑是不能制造出信息的，所有创造能力都是对已有信息的再加工过程，在这个过程中，如果右脑本身没有大量信息存储，那么创造力自然就无从谈起。创造性思维中的直觉、一闪念起关键的作用，而这首先要求右脑直观的、综合的、形象的思维机能发挥作用。因此，我们欲求不断有崭新的思想、设想、设计、构思产生，就必须充分使用右脑。

被人们称为天才的爱因斯坦曾经说过："我思考问题时，不是用语言进行思考，而用活动的跳跃的形象进行思考，当这种思考完成后，我要花很大力气把他们转换成语言。"这非常生动地描绘出了新思想诞生时左右脑是协同工作的全过程，即右脑的形

象思维产生了新思想，左脑用语言的形式把它表述出来。

美国心理学家阿玛拜尔说：要想富有创造性就必须要感知敏锐，能打破知觉定式和思维定式，记忆广阔，能在不同信息间产生联想，欣赏和理解复杂性，富于想象等。这就是说创造力与直觉、想象、联想、敏锐、悟性有关，这正是右脑所见长的功能。然而我们从婴儿到大学近20年的教育却局限于左脑教育，为此教育专家们指出：在经过了传统"左脑教育"（语言、逻辑、分析、数学）模式后，人类急需一次"右脑革命"，以适应高速发展的社会需求。

如果你看过电影《雨人》，一定对影片中达斯汀·霍夫曼饰演的哥哥印象深刻。哥哥能正确快速数出散落一地的火柴数目，弟弟可以利用哥哥的超能力去赌博，结果赢了一大笔钱。或许你会认为那是电影，是在夸张其事，在现实世界中，人不可能具备那样的能力。如果你这么想，那你就是犯了习惯左脑思考的错误，其实，人类大脑的另一半——右脑，拥有的能力是左脑思考者很难想象的。

右脑具有左脑所不具备的四种特殊机能：共振机能、心像化机能、高速大量记忆机能、高速自动处理机能。

共振机能指人类的右脑能够发挥音叉的功能，使之与外界万物所发出的波动产生共振，继而将其进行心像化处理并加以识别的能力。

心像化机能指一眼看过、听过的事物可借意象来显现。在这种情况下，人的右脑就像一部照相机，将所见到的事物立即摄入大脑，以直观的图像方式进行自由处理，这种心像化的机能在大部分小孩和一部分成年人身上都可以看到，我们所具有的一种记忆就是心像化的记忆。我们看到一幅画，事后回忆的时候则是整幅画映入脑海，画面的布置、色彩、构图都是以直观的方式进行转换。我们从一个陌生的地方回来之后的回忆也是必须借助于图像，街道如何，两边的房子有什么特色，等等。

高速大量记忆机能和高速自动处理机能指右脑能将看过、听过的事物以图像来进行处理和传达，处理的时间和速度非常快。由于左脑掌管语言，也就是说左脑是以语言来处理信息，只能把视觉、听觉、触觉、味觉这四感接收到的信息，转换成语言传达。这种处理方式属于"直列处理方式"，信息必须按照顺序处理，必须通过有效的步骤，才能进入到下一步，这种以少量多次理解、最后将信息堆积起来的方式，所能处理的信息非常有限。而右脑将看到、听到和想到的事物全部图形化思考并记忆，这和左脑的功能有很大的差异。

左脑和右脑的运作在速度上也有差距，因为左脑将信息以词汇处理，四感也都变化成语言传达出去，是需要经过一定的时间来完成的。而右脑将收集的信息以图像处理，这种"图像"乃是潜意识中最为活跃的部分，它能够打开右脑额叶，将额叶的意识变成图像显现出来，产生心像，从而让我们"看到"肉眼看不到的世界，以图像传达，所以处理时间非常快，只要几秒的时间就可以完成。经对比研究，右脑的记忆力是左脑的100万倍。

在大脑中，形象和语言、形象思维和语言思维之间并不是毫无关联的。相反，连接大脑两半球的胼胝体以难以想象的速度传递左右脑的信息，而且在很多时候形象思维比抽象思维更为重

要。以往只重视抽象思维的阅读方式是片面的，右脑主管的形象思维其实对于阅读速度的提高起着非常重要的作用。形象思维是普遍存在的，儿童的思维主要是形象思维。

形象思维的重要性在文学艺术领域同样表现得非常明显。高尔基说："艺术作品不是叙述，而是用形象、图画来描写现实。"在文艺作品中的形象包括人物、景物、场面、环境和一切有形之物，每个人物、每个自然景物、每个场面和环境都各是一个形象。艺术家就是运用这些形象来思维，通过具体而生动的形象构成一幅幅画面来反映现实生活的。音乐则通过音乐的艺术形象，唤起人们对音乐意境的联想和想象。当我们欣赏贝多芬的《田园交响乐》时，那山间小溪的潺潺流水，那林间唧唧喳喳鸣唱的鸟啼，那夏天隆隆的雷鸣，那雨后农民欢乐的情境，使人如闻其声、如临其境。著名的维纳斯雕像，芳臂断缺，双目无瞳，但在欣赏者心中，这些部分得到了完美的补偿。所有这些无不都是依靠欣赏者的联想、想象以及情感共鸣而产生形象思维的。

如果认为形象思维只是在科技和文艺领域发挥作用，那就大错特错了。其实在历史、地理等学科领域，也需要广泛地运用形象思维。

如叙述历史人物、事件经过、战斗场面，讲解山川地貌、气候变化、信风，讲述行星的运行、月球的盈亏、大地的昼夜变化等，都无不借助形象思维。甚至是在科学技术领域，也不只是抽象思维在发挥作用，必须指出的是，科学技术活动同样离不开形象思维，许多科学技术的发明创造，是通过模仿、模拟生物或自然现象而取得的。飞机的设计是受到蜻蜓、鸟类飞翔的启发，潜艇的制造离不开对鱼类的模仿，机器人的制造是对人类自身的模仿。

当代控制论又把模拟方法发展到功能模拟的新阶段。某些自动控制系统，就是模拟生物机体有目的性的动作的性质工作的。如火炮自动控制系统，就是把火炮自动打飞机的动作与人狩猎的行为作了类比，从而将雷达站自动跟踪目标得到的坐标信号，输入高射炮控制仪，再由控制仪把预测目标送给高射炮进行射击。

即使在那些神奇的微观世界中，虽然人的肉眼无法直接看见其中的微观粒子，但是通过形象思维就可以很好地把握它们。

比如在物理学家汤姆森提出了"面包夹葡萄干"的原子模型，他认为正电荷散布在整个原子中，就像葡萄干散布在整个面包中一样。英国人卢瑟福用 α 粒子冲击原子，发现有些粒子不是沿着直线前进，有的甚至被弹回来。他想一定是粒子碰到一团相当结实的物质而给弹回来了，后来人们把这种物质叫做原子核。

这种科学上的创见无疑都得益于形象思维的帮助，再比如几十万年前的古生物，根据它的几颗牙齿或头盖骨的化石，科学家就可以通过想象再现它的原形。

裴文中教授在周口店发现北京人的头盖骨化石后，根据原始人类使用的工具、用火的痕迹以及大量的动物化石，通过想象得出它的原形。生物学家达尔文，在他 5 年的环球航海生活中，搜集了大量生物标本，掘出许多古生物化石，他通过认真地对这些形象进行观察、分析、比较，用生动的想象再现了这些古生物的原形。

形象思维在抽象的数学学科里同样非常重要。列宁曾说：

"在数学上也是需要幻想的，甚至没有它就不可能发明微积分。"其中一个重要原因就在于数学的显著特征就是形和数的结合。我们在二维空间的平面上画出三维空间各种各样的立体图形，如圆柱、棱台、锥体、二面角等等，就是由于形象思维在起作用。

除此之外，在生产实践和日常生活中人们也在广泛地运用形象思维。下棋的时候，老棋手能超前看好几步，他的脑子里有许多棋式，有的老棋手能在脑子里自己同自己下棋。通常我们认人、认字，也是用形象思维，一个多年不见的朋友，虽然他的模样有些变化，胖了或长胡子了，但还是能一眼认出他来。认字也一样，有的字写得很潦草，龙飞凤舞，很不规范，但是还是能被识别。再如火车进站后，工人用锤子在车轮上、弹簧部件上叮叮当当地敲打，只要听听声音，就可以知道轮子、弹簧有没有毛病。发电站的工人，只凭机组运转的声音，就知道运转是否正常。这里主要不是靠逻辑推理，而是通过将现场的声音、形状等情况与头脑中储存的大量形象记忆作对照、比较而加以辨别。

以上的例子充分说明，从儿童到成人，从文学艺术、科学技术到日常生活，形象思维是普遍存在的。但应该指出的是，在大多数情况下，形象思维和抽象思维是互相渗透、相辅相成的，许多科学发明就是兼用了两种思维的结果。

德国化学家凯库勒面对炉火遐想时，看见火焰像有原子在蛇行的行列中跳舞，形成了一个旋转的圆圈，刹那间，一个著名的六角形的苯分子结构式设想在他脑海中形成了，后来他对这一设想进行了严密的论证，从而奠定了芳香化学的基础。

当我们阅读一篇文学作品时，我们不仅要通过形象思维去把握作品中的艺术形象，还要运用抽象思维分析其层次结构，归纳中心思维。当我们讲述一个历史事件时，既要具体生动地讲清事件经过，又要分析事件的原因、结果及其历史意义，这里就兼用了形象思维和抽象思维。

由此可见，形象思维实际上在各个领域都起着很重要的作用，但令人遗憾的是，由于右脑的非语言性，长期以来，人们在阅读教育中一直忽视对右脑功能形象思维发展的研究，并且存在着许多误解。今天，该是我们努力补上的时候了。

了解大脑的进化历程，有助于我们开阔情商的视野。

脑干的功能主要是维持人体生命，包括呼吸、消化等重要生理功能，它形成的时间最早。接下来是右脑，也叫哺乳脑，其功能是，控制情绪、知觉等，这一部分脑组织与哺乳动物有一些共同的东西，比如关心后代的天性等，而不像爬行动物龟蛇那样，产蛋之后就让其自生自灭，幼蛇想生存必须自己学会爬行。左脑又叫爬行脑，它使人们可以理性思考和做出符合逻辑的选择，由于其发育较晚，人们有理由相信它是大脑进化的最高阶段。在实践当中，与情绪和感觉相比，我们显然更注重大脑的思考和推理能力。然而，这种看法有很大的缺陷。

情商最基本的能力就是自我认知的能力，而感知他人、他物的能力也是以此为基础的。我们照镜子、看照片时，本能的就能认出自己，可是你知道这是我们大脑的哪一部位在发挥这项功能吗？原来起作用的是右脑。

著名的《自然》杂志中刊载了哈佛大学医学院神经科学家基南的研究成果，他发现人的确是用右脑来认识自己的。他将受试

者的左半脑和右半脑分别麻醉，然后拿一张合成照片给他们看，照片一半是受试者本人的脸，另一半是名人的脸。右脑麻醉后，受试人看到的是名人的脸；而左脑麻醉后，受试人看到的是自己的脸。

人只有在右脑受损时，才会发生"什么都认得出来，就是认不清自己"的情况，当右脑受损严重时，会产生"躯干分辨错乱症"的现象，这种人会误以为自己的四肢都是别人的。"自我认识研究"领域的权威人物，纽约州立大学心理系教授盖洛普说，已有证据显示，大脑某一部位可以"推断"别人正在想什么，也有证据证明，"精神分裂症"或患孤僻症的小孩，不但不能完全认识自己，而且也不能准确推断别人的想法。

安东尼奥·大马西奥在其名著《笛卡儿的错误》中谈到，右脑受损的人，仍然可以很清晰和符合逻辑地推理和思维，但所做出的决定却不正确，当思维大脑与情感大脑相分离的时候，大脑就不能正常工作。当人类在做出正常举动的时候，人类综合运用了大脑的两个部分，即情感部分和逻辑部分。右脑的活动比左脑要快很多倍，这对我们遇到危险时非常有用。比如，我们在野外宿营，睡梦中突然被树丛中的响动惊醒，这时右脑会立刻命令我们迅速跳起，准备与野兽搏斗。如果按照左脑的思维方式。左脑会先做逻辑判断，弄清楚究竟是怎么回事，然后再做出理智和符合逻辑的行为，当然这样就会花费较长的时间，可能你已经被野兽吃掉了。

一个高情商的人会综合利用大脑中的各个部位，并在大多数情况下用好自己的右脑。如果一个人对自己有清醒的认识，有在任何情况下都不妥协的底线，这样的人就会保持完整的人格，以自己的价值来行事，要达到这样的境界需要经过漫长的时光。只要以有效的方式开发你的右脑，就能有效地提高你的情商。

第四节　开发右脑的潜力

既然右脑有着如此重要的功能，对于我们的学习如此重要，那么，可以说开发右脑的潜力，是开发学习潜力的根本所在。

如何开发右脑，同时使用大脑两个半球呢？目前国外提出了做单侧体操的方法，就是使左半身的手、臂、脚灵活地运用自如，从而促进右脑的发展。比如，一般用右手的人，可以举左臂、踢踢左脚、左臂撑体、左手活动等。开发右脑，常做的左侧活动有以下内容：

左手剪纸、写字、画画。可用左手叠纸、剪字、剪画、剪各种东西。左手写字，可以写数字，写简单的字、词、句、段或短文。左手画画，可从画线开始，逐渐过渡到能画动植物、花草树木和简单的人物画等。

可以用左手做事。用左手洗脸、刷牙、用筷子、扫地、擦桌子、洗碗、拿东西、提物品、捡东西、剥东西等。

左手体育活动。可用左手打乒乓球、羽毛球、排球、网球、掷飞碟、投铅球等

左腿活动。可用左腿进行踢、跳等运动。如儿童可用左腿跳绳、跳皮筋、跳房子、踢球等。

除了专门的左侧训练外，还可以进行左右手同时写字的训

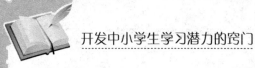

练。左右手同时练习写字，最后逐步写出长句、段到短文。左右手画出的图形，方向必须对应。这样练习，对注意力集中、分配与控制，效果更好。开始你也许有点不习惯，但写长了就运用自如了。如开始可以从较容易的数字写起，然后逐步过渡到可以写自己和家里人的姓名、单位和家庭住址；接着练习写一句话，一段短文，画一些简单的线条，如横线、竖线、斜线、曲线等；逐步过渡到可以画一些动植物和花草树木；还可以画一些简单的人物头像，如儿童、少年、青年、成人、老人；如画得熟练了，还可以画一些不同民族的人物头像，如藏族的、回族的、蒙古族的、维吾尔族的、苗族的等都可以进行练习。

需要澄清的是，虽然对一个惯用右手的人来说，用左手做事、写字、画画，的确是一件相当困难的事，但也十分有趣。当你读书写字累了的时候，不妨将未完成的工作交给左手代劳。只要你坚持下去，一定会收到意想不到的效果。它不仅可以帮助你解除疲劳，更重要的是可以开发你右脑的潜力。

开发右脑的潜力，可以通过左右脑同步协调训练来进行。心理学家认为，左右脑同步协调，使上下脑沟通加强，这有利于意识与潜意识更好地联结。左脑对潜意识通常进行过滤、监控，使脑波处于平衡状态，这时左脑逻辑思维活动减少，放松对潜意识监控，因而潜意识方面中的感情、直觉、形象等能够更多更好地表达出来。

我们一向推崇中小学生左右脑和左右手并用，实行左右开"弓"。用两只手轮换操作，一般通过 1~3 个月即可养成习惯。刚开始时不习惯，渐渐就会习惯的，任何事情都是这样，从接受到使用，再到习惯，会有一个过程。在这里，时间是我们最好的帮手，时间使我们成为开发左右脑协调工作的人，成为真正"全脑"的人。

如果将智力类型调适到与学习类型、思维类型、性格类型协调一致的境界，则会产生强大的"共振现象"，读书与学习就会拥有最为理想的收获和效果。

为了获得更多的脑功能，下面这些简单实用的锻炼方法可以将不同的智能提高到更高水平。

1. 训练语言智能

每周完整读完一本书，写一份报告描述它的内容、主题、结构，它写得好不好以及为什么，你是否喜欢它以及为什么，还有它与同类书比起来排在什么地位。

在阅读中遇到不熟悉的词时就圈上，查出意思并记住。

听作者及诗人的录音朗读，听由演员朗读的录制成带的著名著作。研究词语、句子的发音方法，注意方言以及语调，试着模仿。

选择一篇你特别喜欢的短篇故事、诗歌或简短的散文，把它完整记下来，也许每天3行，把它记住以后，练习大声背诵。

学习好的作品和古典文学，看看好的作品是如何写的。注意他们是如何将句子组合在一起，如何操纵语法，如何使用不同寻常的形容词阐述要点。

2. 训练图像智能

玩拼板游戏、魔方、谜宫、电脑绘图软件游戏或游戏卡。

从事摄影、摄像、绘画、素描、几何运算，学习建筑设计原理。

分析地形地图、水流程表、工程表、建筑平面设计、图解词典或任何其他需要动用视力的东西。让自己亲临其境，尽量从三维空间的角度来考虑。

观赏电影大师们的佳作，注意他们如何制作每一个镜头，运用什么颜色，从什么角度，采用什么动作。

参观一座艺术博物馆，选择一幅对你特别有吸引力的画，找出你喜欢它的原因；弄清它的设计策略；把它的每一个细节都记在脑中。以后，可经常在脑海中再现此图。

拿一张白纸，用铅笔在上面勾画出洗衣机的内部结构；自己身体内部构造；摆着家具的卧室平面图；附近至少三个街区的平面图。

3. 训练音乐才能

试着分别想想这些音乐般的声音：你最喜欢的电视节目或电影主题曲；你唱歌的声音；雨点打在屋顶和窗户上的声音；双簧管、单簧管、喇叭和竖琴的声音；风铃的声音；教堂的钟声。

选择一样特别吸引你的乐器，比如单簧管或者双簧管。找到能突出它特色的音乐，直到记住它的音质，并考虑学习如何演奏这种乐器。

在各种奇异怪诞的非音乐杂音中找出音乐、旋律、节奏以及和谐的声音，比如机器声、机动车声、交通噪音、各种气象声音、大自然的声响、你自己体内的声音。

4. 训练肢体机能

用一把镊子把 100 粒大米从一只碗里放到另一只碗里，要尽可能快，而且不撒掉一粒。

学习一种技能，比如空手道、跆拳道、柔道，太极拳、哑剧、字谜、手语、韵律运动、印度舞蹈中的手势或者其他民族舞蹈。

5. 训练数字智能

在你一生中已经吸了多少口气？

从生下来你已经说了多少话？

包括成品食物内的食盐，你已经消耗了多少粒食盐？

你家乡的房屋和高楼总共有多少窗户？

用你从来不写字的手写出本书的全部内容得用多少分钟？

6. 训练交际才能

打开电视或播放电影，同时关掉声音，研究眼前这些人的身体语言，观察他们的面部表情、手势、体态，他们彼此说些什么？只根据他们的身体语言你能弄清故事情节吗？

观看一部不带字幕或未经配音的外国电影，或者看听不懂语言的电视频道节目。根据影片中人物的身体语言和说话的声音，你能猜出情节吗？

一天花 10～15 分钟主动倾听他人谈话，别管你自己的思维、感情和意见。倾听、研究他们的手势、面部表情、姿态、语调，要尽可能客观地进行这一切。

7. 训练内向型智能

弄清楚你是谁。用报纸、杂志上的语言描绘你自己，利用美术课上用的剪刀、胶水、透明胶、彩笔、铅笔和蜡笔等物画出你自己的模样。

将你的不同方面拼凑起来，包括能描绘你的形容词或名词；你可以容易把自己的所有个性描绘成一颗颗行星，围绕着真实的你这颗恒星旋转，利用图画和语言将这一切都表现出来。

阅读名人以及文学家、史学家的自传。注意他们强调什么、如何描述自己、他们对自己都了解些什么，分辨其中叙述的语音、语调，从中分析这些都告诉你有关此人的什么情况？

努力弄清每一个人物在梦中的角色，与每一个人物交谈，问他们有什么话要对你说。

第五节　合理用脑方能学得好

要想取得良好的成绩，和获得满意的学习效果，就必须开动大脑，使全脑参与学习。全脑参与的学习，是充分调动大脑中左右两球，使大脑完全参与学习活动和学习过程，使大脑潜力充分发挥，从而使学习能力和学习效率得到加倍提升。

同样一个小说内容，若看连环画就比看小说容易记忆，因为连环画图文并茂，既运用了左脑的逻辑思维理解内容，又运用了右脑形象思维理解图形，因而记忆就格外深刻。阅读没有图的小说时，只使用左脑的逻辑思维，而右脑闲着，因而记忆就不如同时使用大脑两个半球来记深刻。

左右脑并用能够尽快地掌握外语。为了学会一门外语，一方面必须掌握足够的词汇，另一方面，还必须能自动地把单词组成句子。词汇和句子都必须机械记忆，如果你的记忆变成推理性的或逻辑性的记忆，你就失去了讲一种外语所必需的流畅，进行阅读时，成了一字字地翻译了。这种翻译式的分析阅读是左脑的功能，结果是越读越慢，理解也就更难，全靠死记来分析。

全脑学习法的原理就是左右脑两半球并用。这样学习，每小时可记 50～100 个单词，保加利亚扎诺夫博士在 20 世纪 60 年代创造了这种方法，使记忆效率提高 5～50 倍。2000 个英语基本单词通过 72 小时就可以掌握，想一想，在几个月内我们就能学会一门外语。这该是多么令人兴奋的事情啊。

除了要注意促使全脑参与学习，合理运用大脑、注意交叉学习是高效学习中值得引起注意的事项。

学生在学校有校方制定的合理课程表，课程排列一般都是交叉的，非常有利于学生合理地运用大脑。在业余时间，比如早晨、晚上、双林日、节假日的学习，也应遵循这种交替方式。

交替法是指在学习一门功课之后，投入对另一门功课的学习，比如读书与作业、文科与理科、学习与娱乐、用功与休闲等都是交叉法的学习形式交替，实际上也是一种统筹与搭配，是对大脑的合理运用。

主要可以运用在下列几个方面：

①学科交替：不同学科交替，或轮流进行。

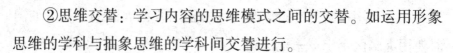

②思维交替：学习内容的思维模式之间的交替。如运用形象思维的学科与抽象思维的学科间交替进行。

③读写算记交替：学习行为方式交替进行。

④难易交替：就知识内容程度而言，有难易之分。长时间的学习难点内容，让大脑压力过大，影响学习效果；长时间学习容易的知识，则没有刺激兴奋点，没有挑战性。

⑤学用交替：将学到的知识运用到实践中去，这是最基本的认知和要求。同时，在学习过程中，也要做到学用结合，即将学到的知识运用到解决问题中去。

⑥劳逸交替：为学之道，一张一弛，劳逸结合，有益大脑和身体健康。

通常可以按如下程序安排学习：

第一步：放学回家后，如果饭前有时间的话，打开音乐，伴随着你喜欢的音乐进入学习王国，复习、回忆一下今天所学的内容。

第二步：晚饭后，把当天要完成的作业，文理交叉，或分难易、喜好排出顺序，一门一门功课做。可以边做边检查，也可以做完再检查一遍。

第三步：做完功课，放松一下，时间约 15～30 分钟，看电视、游戏、练功、体操、洗澡，或读点课外读物等。

第四步：再坐下来，通盘复习近期或远期的学习内容，以自己的课本、讲义等材料为主。越熟的内容要越快地过一下"电影"。

第五步：预习第二天甚至下一阶段要学习的内容，不懂的东西一定要做上记号，第二天在课堂上听老师讲解，再不明白，可以单独请教老师或同学。

第六步：就寝前的时间，适当安排做一些自己有兴趣做的事，如玩电脑、读书、思考一些问题或难题等。

交替法可以避免长期单调地使用大脑，造成心理、生理压力，导致厌学情绪。大脑长时间集中在某一点或某个层面，脑细胞过度兴奋，容易造成大脑疲劳和身体疲劳，带来心理的负担和压力。一旦压力过重，厌学情绪产生，会有相当的负面影响。如有的人吃水饺觉得好吃，就吃得太饱、太多，结果以后再看到水饺可能就没有食欲了。因此，最好的方法是吃点水饺，再吃点蔬菜、水果等，下次见到水饺依然会有好胃口。

交替法可以使思路开阔，让学业齐头并进。通常人们都有自己的思维习惯和模式。但是，如果能够多一种思维方式，多一种思维能力，无论是对生活、事业、学习等，还是对大脑功能的锻炼都有举足轻重的意义。在长时间使用大脑时，自觉地变换身态、物态、心态，从而达到消除心理紧张和精神疲劳。

学习时间增长，人就会觉得紧张或疲劳，这对身体、大脑、学习都不利，这时需要放松。"肉体的紧张是能源的浪费，而紧张的情绪予以放松后便可恢复能源。"

那么怎样放松才更有效呢？或躺，或卧，或站，让身体的每个部分都放松，脑中默默想着放松、放松、再放松。一个部位一个部位用意念放松，比如脚部、手部、头部、身体主干部等，一般 5～10 分钟。要自然而然放松、不由自主地放松起来，掌握这种松弛身心技术，不易疲劳，可精神集中、精力充沛地学习，并

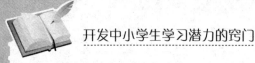

且还会在学习中有相当的轻松感。

在一个环境学习太久容易产生疲劳，这时，可以换个环境，换个位置，满足人的新鲜感和刺激感。日本有人主张一张书桌上学习时间过长，可以将书桌换换位置。美国人喜欢搬家，把家搬到一个新的地方去，他们对未知的地方充满好奇，也就有了上进的动力。换个环境、地点，甚至换个书桌、房间，使人体力恢复，心力缓解，不容易感到厌倦。

持续的学习让人心理压力加大，情绪压抑。许许多多事情往往由于人的压抑心态而产生不良的情绪体验，导致与我们的愿望相反的结果。良好的心态产生良好的情绪体验，比如有的人出门摔了一跤，拍拍屁股，莞尔一笑，小事一件过去了。一个小伙子被一个女孩子骑自行车撞了一下，女孩赶紧说声"对不起"，他便礼貌地过去了。磕磕碰碰谁能免？所以调整心态实为根本的大法。有的人怨天尤人，怨老天对自己不公平，怨父母没有给自己先天更好的条件和基础，事实上正是很多先天条件不好的人成了很优秀、很出色的人才。

只有抛开急功近利的学习心态，积极地用一种情趣、一种快乐的心态来读书学习，使自己在学习时充分表现进取、乐观的态度，也只有这样，才既能享受学习的乐趣，又能享受人生的充实和舒心。

我们对人脑的使用、开发的原则是：合理计划，科学安排。对于学习我们除了要有良好的学习计划，还要有合理的时间表。

通常，学生由学校统一安排课程表；在职人员则有相应的工作时间安排。这样的时间和空间一般只有被动地接受，没有太多的调节余地。这些对每个人相对都是公平的。

关键在于，人们对此之外的时间和空间的把握，则大有可为。它可以安排晨练、午休、晚修、空隙利用等。把握好具体的时空，则会给大脑的合理使用和锻炼带来积极的影响。

有的人随心所欲，不能妥善安排时间；有的人无所事事，浪费了宝贵时光。"一寸光阴一寸金，寸金难买寸光阴。"时间若丢失了，就再也找不回来了。

正确把握交替法要求我们，不同的时间和空间，让大脑合理使用和发挥，不仅能获得更多成功的机会，而且更能有效地锻炼我们的脑能。

交替法符合人们的生理与心理特征。人们长时间从事一项工作或学习，会产生枯燥、呆板、单调的感觉。为了摆脱这种困扰，人们往往见异思迁，这和穷则思变的原理是一样的。所谓的位移，就是从身态、环境或心态上挪移，给我们的心理一个新鲜、刺激的感觉。人们的思维方式和行为方式往往跟着感觉走，所以千万不要忽视或小视这种美妙的感觉。

交替法更积极的意义，在于让大脑不同区域的细胞参与工作，从而使大脑细胞间的信息传输得到加强，人的一举一动都是受到大脑"中央司令部"的指挥与控制的。所以位移，绝不仅仅是外在的表现形态变化那么简单，其内在的价值与外在的作用是相辅相成的。

第四章　开发你的记忆潜力

准确而敏锐的记忆力是取得好的学习成绩、事业成功的基础，我们所有的知识是建立在我们记忆的基础上。柏拉图这样说过："所有的知识不过是记忆。"而西塞罗在谈到记忆力时认为："记忆是一切事物的宝藏和卫士。"如果你认为自己的记忆力不好，这并不奇怪，因为成千上万的人都这样想。可不管你信不信，实际上并不存在这回事。关键在于，你是否开发了自己的记忆潜力。

第一节　记忆力不是天生的

从古到今，一些名人都被认为记忆力非凡。像拿破仑，就以记住部队每个军官的名字而闻名天下；霍特尔将军凭着记忆几乎能够复述出英法大战中的每个事件；托斯卡尔尼指挥整个交响乐章可以不用乐谱；美国的前任邮政部长法利记住了成千上万个人的姓名。

这些都是具有非凡记忆力的例子。有许多人认为："就如同人一生下来，头脑有好有坏一般，记忆力的好坏也是天生的！"然而，事实并非如此。

我们常听人说："我的记性真差""我对数字真是无可奈何，

朋友的电话号码都记不住""仅有一面之缘的朋友的名字和长相，我老是记不住"等等。可是，对于数字的记忆力不好，并不就表示记忆力真的不好；无法记住朋友的名字，也不见得是记忆力低弱的象征。

人一生下来，对于数字、文章、名字等需要直接去记忆的东西，在能力上就有着不同的差异。对于其中的一项特别强，并不就表示所有的项目都很强。相反的，对于其中的一项特别弱，也并不表示所有的项目都很弱。

这种差异可以靠训练来改善。记忆时最重要的就是抱着能够记忆的自信与决心。若是没有这种自信与决心，脑细胞的活动将会受到抑制，脑细胞的活动一旦受到抑制，记忆力便会迟钝。关于这一点，我们可以从心理学上得到证明。在心理学上，将这种情形称为"抑制效果"。一般的反应过程是：没有自信→脑细胞的活动受到抑制→无法记忆→更缺乏自信，形成一种恶性循环。

因此，改善记忆的第一个步骤就是恢复自信，使它演变成为良性循环，这就是开发记忆潜力的首要条件。不过，若是只有自信而不去努力的话，还是无法使记忆力变好的。曾为口吃苦恼，后来却成为希腊大雄辩家的狄摩西尼斯也是由于有充分的自信，加上超过别人数倍的努力，才有了日后的成就。

心理学家乌德斯华在研究中表明，无论谁都可以增强自己的记忆力。乌德斯华十分强调自信的重要性。他说，凡记忆力强的人，都必定对自己的记忆力充满信心。古恩西也说过，记忆力这部机器越是开动得多就越有力量，只要你信赖它，它就有能耐。

对数字感到厌烦的人，如果喜欢打桥牌，可能很快地学会算

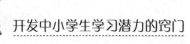

牌。对人名没任何概念的人，却往往能对明星的名字朗朗上口。而有许多学生讨厌记英语单词，但是他们却能够很流利地唱出英文流行歌曲。

我们对于自己所关心的事物，往往能毫无困难地记住。因此，小学生能够将上学途中所见到的玩具店名记得一清二楚，除了因为儿童的脑部活动比较活跃外，更重要的是他们对事物充满了好奇心。相反的，一个每天赶公共汽车上下班的人，对于窗外的街景却没有丝毫的印象，这就是因为他没有抱着有趣的心情去欣赏。因此，记忆的先决条件就在于引起兴趣。

美国得克萨斯州有一种开放式的小学，它们取消了学年制，并把教室的墙壁改装成能够自由移动的装置。有些地方，甚至连课桌也不用，完全让儿童依照自己的想法去计划读书。实行这种方法的结果，是使儿童在理解和记忆方面的能力提高了很多。

兴趣固然是记忆的源泉，但是，要一个人对他所讨厌的科目发生兴趣，也不是一件容易的事。遇到这种情形，可以和担任该科目的老师，或该科目成绩特别优异的学生们谈谈，因为他们已经有了一定的心得，必定对该科目有着很浓厚的兴趣。从彼此的交谈中，很可能会发现自己对于该科目疏忽的地方，甚至可引发自己对该科目的兴趣。虽然这仅是一点点的兴趣，但是它就像滚雪球一般，能使您的求知欲不断增加，进而帮助您大量地吸收知识，提高记忆力。

记忆在脑部的功能中，占了相当重要的地位。我们在前面已经讲过，脑部有所谓的旧皮质与新皮质。从生物学上来说，旧皮质是先形成的，它担任了睡眠等维持生命所不可欠缺的机能，而新皮质则担任比较理性地思考等意识活动。具有震撼力的记忆是最不容易忘记的，因为它突破了新皮质而达到旧皮质和生命的本能连接在一起，再经过长时间地附着，因此在一般的记忆消失之后，它仍然能留存在脑海里。因此，把你所要记忆的事物，造成一种对自己能发生震撼的效果，便是一种基本的记忆法。

如果要记忆下列 10 种物品：

小猫　帽子　小狗　挂钟　桌子　衣柜　眼镜　鹦鹉　鞋子　戒指

如果使用反复背诵的强记固然是一种方法，可是往往过不了多久就会忘记。为了便于记忆，我们可以把上述的 10 件物品先加以分类，比如：小猫、狗、鹦鹉是动物；帽子、眼镜、鞋子、戒指是穿戴在身上的东西；挂钟、桌子、衣柜则是家里的摆设。把这些物品一一加以分类之后，就很容易记住了。

德国大音乐家门德尔松在他 17 岁那年，曾经去听贝多芬第九交响曲的首次公演。等音乐会结束，回到家里以后，他立刻写出了全曲的乐谱。这件事震惊了当时的音乐界。虽然我们现在对贝多芬的第九交响曲早已耳熟能详，可是在当时，首次聆听之后，就能记忆全曲的乐谱，实在是一件不可思议的事。

在门德尔松的脑海里，必定有个排列整齐的资料柜，并且将每个音符，严密地分别放入抽屉里。如果将他和那些同时聆听，却未能把音符放入抽屉里的人相比较，门德尔松自然能够正确地记忆这些音符了。

记忆力好的人，他的资料柜一定排列得井然有序。记忆力不好的人，则往往不加分类地把事物乱堆。如果我们能时时留意，把想记忆的事物分类整理，再装入或取出资料的时候，就比较省事了。好的记忆并不特别神奇，关键是掌握好的记忆法则。

你也许常常抱怨自己忘得多，不过这其实不一定是什么坏事。真正的"过目成诵"者甚少。假如对所有的见过的东西都过目不忘，那不是真正的聪明，倒可以说有点儿可悲了。比如，你只需要知道某个开车时刻，却把整个列车运行表都记住了。这不但加重了大脑的负担，时间长了还会变得神经衰弱。你一定要记住如下的秘诀，没必要记住的东西就彻底地忘掉好了。

可以说，每一个知识渊博的人同时也是一个知识贫乏的人，因为他的注意力是集中在某些最有用的知识上，而对其他一些他认为不重要的东西却一点也不注意，即所谓到了"视而不见"的地步。

英国作家柯南道尔笔下的福尔摩斯就是这样。作者说他"知识贫乏的一面，正如他的知识丰富的一面同样地惊人"。关于文学、哲学和政治方面，他"几乎一无所知"，甚至"连哥白尼学说及太阳系的构成，也全然不知"。对此，福尔摩斯反而感到是理所当然。他认为，即使懂得这些，也要尽力把它忘掉。

他说："我认为人的脑子本来像一间空空的小阁楼，应该有选择地把一些有用的家具装进去。只有傻瓜才会把他碰到的各种各样的破烂杂碎一股脑儿地装进去。这样一来，那些对他有用的知识反而被挤了出来；或者，最多不过是和许多其他的东西掺杂在一起。因此，在取用的时候也就感到困难了。所以一个会工作的人，在选择要把哪些东西装进他的那间小阁楼似的头脑中去的时候，他确实是非常仔细小心的。除了工作中有用的工具以外，他什么也不带进去，而这些工具又样样具备，有条有理。如果认为这间小阁楼的墙壁富有弹性，可以任意伸缩，那就错了。总有一天，当你增加新知识的时候，你就会把以前所熟悉的东西忘了。所以最要紧的是，不要让一些无用的知识把有用的挤出去。"

福尔摩斯这些话虽然有失偏颇，但他认为"应当记忆有用的知识"这种观点却是正确的。

第二节　记忆能力的培养

记忆是个体对其经验的识记、保持和再现。从信息加工的观点来看，记忆就是信息的输入、编码、储存和提取。在日常生活中，人们感知过的、思考过的、体验过的和行动过的事物都可以成为个体的经验。例如，从前见过的人，现在不在面前，我们能想得起他的姿态相貌；见到他时能认得出来，这就是记忆。不仅感知过的事物能保持于头脑中，而且思考过的问题、理论，体验过的情绪、情感，练习过的动作都能保持于头脑中。如在生活实践中见过、学过、做过的事情以及体验过的情绪，都可以成为我们的经验保持在我们的头脑中，在以后生活的适当时候回想得起，或当这些事物再度出现时能辨认出来。这些都是记忆。

记忆是一个复杂的心理过程，它主要包括识记、保持、再认与回忆几个基本环节。简而言之，记忆是先记后忆的过程。识记是在大脑中留下神经联系的过程；保持是暂时神经联系巩固的过程；再认与回忆是暂时神经联系恢复的过程。记忆的这几个基本环节是相互联系、相互制约的。没有识记就谈不上对知识经验的保持；没有识记和保持，就不可能对经验过的事物进行再认和回忆。因此，识记和保持是再认和回忆的前提和保证，再认和回忆是识记和保持的结果和证明。

人类没有记忆就没有智力可言。因为记忆是思维与想象活动的仓库和基础，脑子里空空如也，就无法进行思维和想象。不仅如此，大脑还把曾经思考过与想象过的事情的映像保存在记忆里，作为进一步学习的基础。

学生（也包括全人类）正是依靠记忆，把学习过的知识积累在自己的头脑里，然后才有可能不断地去学习新的知识。如果边学习边忘记，那么，已经学过的知识，就等于没有学，学习就不能前进。

记忆是应用知识、发展能力的前提。学生有了记忆，才能把学过的知识、技能有机地联系起来，得心应手，用于实际，达到会说、会写、会算、会做、会用、会创造。没有记忆，将什么也不会，永远是一个无知的人，更谈不上应用知识。"前事不忘，后事之师"，这也是记忆的功劳。如果没有记忆，如何吸取教训？怎么能"吃一堑，长一智"呢？由于有了记忆，人才能在活动中形成各自的个性特点，形成和发展各自的能力。

记忆能力的品质主要有以下几个方面：

（1）敏捷性。记忆能力的敏捷性是指记忆信息的速率，凡是有在较短的时间内迅速识记信息，保持信息、再认信息或再现信息的记忆力，就是具有敏捷性的，反之，就是非敏捷性的。

（2）广度性。记忆力的广度性是指对于某种信息复现的程度。凡是能完全正确地复现或复现较多的，就是广度性好；凡是不能够完全的复现或复现较少的，就是广度性差或较差。

（3）准确性。记忆力的准确性是指对于信息的识记，再认或再现是否符合原信息属性及其特点，是否正确、真实无误地反映了原信息的质和量的特征。凡是记忆在质和量上都准确地符合原信息特征的，就是有记忆力的准确性，反之，就是没有记忆力的准确性。

（4）储存性。记忆力的储存性是指对信息的识记、保持的数量。如果一个人对信息的识记和保持的数量多，那么他的储存性就好；如果一个人对信息的识记和保持数量少，那么他的储存性就差。

（5）持久性。记忆力的持久性是指长时记忆力的功能。一个人长时记忆力功能好，则称之为有记忆力的持久性。我们平常说的一个人有惊人的记忆力，指的就是他的记忆力有持久性。一个人的长时记忆力功能不好，就说他没有记忆力的持久性。

实践证明，由于人的素质有差别，在记忆力品质上也存有很大的差别。记忆力的差异，不仅表现为个体之间的记忆品质差别，而且还表现在同一个体年龄阶段的差异，这就是记忆的年龄特点。

心理学研究表明，人的记忆力有一个最佳年龄段，就是青少年时期。在这个时期，各种记忆能力都迅速发展起来，并达到记忆力的巅峰时期，被称为记忆力的黄金时代，也被称为智力的黄金时代。而错过这个年龄段，人的记忆力就会逐渐下降、衰退。这也是记忆力发展的客观规律。因此，我们要教育学生，珍惜自己记忆力的黄金时代，多读书、多实践、多记忆一些有用信息和

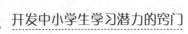
知识，会受益终身。

人的记忆力确实有相当大的差异。这种差异性除了与人的先天素质因素有关外，还决定于后天是否进行过有效的培养。人的记忆有无限的潜力。一个正常的人，只要他有目的地进行锻炼，或对他进行培养和训练，他的记忆力是可以得到发展与提高的。所以，对学生加强记忆能力的训练和培养非常重要，下面就是记忆能力培养中要注意的几点。

第一，要明确记忆目的，提高有意识记能力。要提高记忆力，首先必须明确记忆的目的。生活实践和心理学的实验表明，在其他条件完全相同的情况下，记忆的目的越明确，则记忆的效果越好。很多人都是住在楼上，他们虽然天天上下楼，当有人问他们楼梯有几级台阶时，很少有人能正确回答出来。这并不是因为他们的记忆力不好，而是因为他们没有记住楼梯级数的意识。如果给他们提出记忆台阶级数的任务，那么很快就可以记住。

在一个心理学研究的实验中，用相同时间向两组同等程度的学生播放一个单词词表的录音，要求有意识记组记住单词且听完后要进行测验，要求无意识记组评价每单词的发音（被试注意到词表，但没有记忆任务）。识记完后，两组都进行回忆测验，结果表明，有意识记组的回忆成绩明显优于无意识记组。进一步的研究表明，这是因为学习动机使有意识记组对学习材料进行了复述并将它们构成较有意义的大组块之故。

因此，学生在学习中要专心致志，精力集中，对那些需要记住的信息，要有意识地强化记忆，只有增强记忆的意识，才能使所学知识记得牢固，记忆永久。

　　第二，培养浓厚的兴趣，增强记忆力。兴趣是增强记忆的促进剂。无论是谁，对于自己所特别感兴趣的信息和对象，都能显示惊人的记忆。学生的学习更是如此，对自己感兴趣的学科，学得顺利，记得容易，得心应手；对厌烦的学科总觉得难学难记，困难重重。这与一个人的兴趣爱好有着密切的联系。一个人对他所感兴趣的信息与对象，会产生高度集中的注意力与观察力，从而记得快、记得久、记得准。正如孔子所说："知之者不如好之者，好之者不如乐之者。"因此，培养浓厚的学习兴趣，特别对那些不感兴趣的学科，更要努力开创条件，调动起学习积极性，培养出浓厚的兴趣，只有愿学乐学，才能保证增强记忆力的实现。

　　第三，掌握科学的观察方法，是增强记忆的有效措施。一切记忆都开始于观察，即有意识有计划有目的的感知，所以要提高记忆力，就必须进行仔细地观察。观察越仔细，感知越深刻全面，记忆起来就越准确。观察越仔细，理解越深刻，记忆起来就比较牢固，会增强记忆的持久性。细致的观察还能增强记忆的速度。凡是记忆准确而持久的人，他们大都有很强的观察力。所以，我们要创造条件，使各种感官并用，提高观察效果，达到增强记忆的目的。

　　第四，激发思维，揭示规律，加深理解，提高记忆力。从生理上讲，理解了的东西，反映到大脑就富有条理性，容易和大脑中已有的经验形成信息链，有助于记忆痕迹的巩固。经过理解记忆的事物，即使一时遗忘，还可以通过推导回忆出来。

　　第五，运用联想规律，增强记忆力。一个人如果不会联想，那么学一点知识就仅仅是一点知识，如果他善于联想，就能举一反三，触类旁通，产生知识上的飞跃。因此，在记忆的过程中，联想起着重要的作用，因为被记忆的事物处于一定的关系与联系之中。记忆与联想的关系极为密切，记忆是联想的基础，联想又是记忆的一种重要方法。

第六，训练记忆方法，提高记忆能力。有些人记忆能力差，这跟没有系统地进行记忆方法的训练有关，也就是说他们不会记忆。其实上述几条记忆能力的培养，也都是从某种记忆方法来展开论述的。在本章接下来的部分，我们就介绍一些具体的记忆方法。

第三节 时间性记忆方法

记忆和时间有着密切的联系。记忆是大脑细胞的物质运动，也有着自己的时间表现形式。失掉时间和时机，便失掉了记忆。时间性记忆，就是在记忆实践中，探索记忆时间的分配原则，研究记忆成果的时间运筹规律。目的是科学利用时间，提高记忆效率。

从时间运筹的角度总结记忆的方法，记忆主要有及时记忆法、择时记忆法、间时记忆法、限时记忆法等。

1. 及时记忆法

及时记忆法，便是当你一旦学习新的知识，抓紧时间及时巩固的记忆方式。

德国心理学家艾滨浩斯对记忆和遗忘进行了长时间研究。他选用了 3 个无意义音节，每 8 个分为一组，共分为 8 组，把自己作为实验对象，测定完全记住所有音节需要的时间，结果发现了遗忘的规律是先快后慢。艾滨浩斯把这个实验结果绘成了一张图表，这就是著名的"艾滨浩斯遗忘曲线"。从艾滨浩斯的遗忘曲线可以得知，在记住某种材料之后，遗忘的进程是不均衡的，那就是：在识记之后的短时间内，遗忘得快而且多，而后逐渐慢而且少。从记忆到复习的时间间隔越长，需要重新恢复记忆的时间就用得越多，在时间的运筹上就越不合算。所以，当你记住某种材料之后，必须及时复习巩固。

我国著名漫画家、文学家丰子恺学习外文，要求自己对每篇课文都读 22 遍，便是及时记忆方法的运用。

他的具体做法是：

第一天，读第一课 10 遍；

第二天，读第二课 10 遍，第一课 5 遍；

第三天，读第三课 10 遍，第一课 5 遍，第二课 5 遍；

第四天，读第四课 10 遍，第一课 2 遍，第二课 5 遍，第三课 5 遍。

这样，每一课分 4 次读完，共 22 遍，随后做上记号。

这种方法比一天中读 22 遍的效果要好得多。几个月后，丰子恺就能看外文长篇小说，并从事翻译工作了。

遗忘最快的时间是在记住该材料的头一两天之内，因此，当我们要记住某种材料，最好在头一两天内再复习一次，然后隔一段时间复习一次，间隔时间先密后疏。当记忆得到巩固，间隔的时间可以逐步延长，复习次数逐渐减少，这样就可以使我们识记

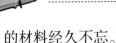
的材料经久不忘。

但是，遗忘的进程不仅受时间因素制约，也受其他因素制约，如识记材料的意义、数量、序列位置，人们的学习程度以及生理、心理因素等。因此，及时记忆法的时间指数，可因人而异，根据个人的记忆习惯、学习特点和材料的性质而定。

2. 择时记忆法

择时记忆法，是选择一天中记忆效果最好的时间记忆，并分配给记住的最佳时间的一种记忆方法。

择时记忆，有两层含义：一是找到记忆的黄金时间；二是设计出记忆的最佳时间支付方案。

找到记忆的黄金时间，充分利用黄金时间，便可以花较少的气力，完成较多的识记任务。记忆，是大脑的活动。人在一天中，什么时候精力充沛、思维积极，什么时候疲倦困顿、无精打采，都是有规律的。每个人一天中记忆的黄金时间不同，有的人在清早，有的人在晚上。顺应这一规律，便掌握了用脑艺术，能够科学安排记忆时间，这样，既可以使大脑机能处于最佳信息接收状态，提高记忆效率，又是对大脑组织的最好保护。

设计出记忆的最佳时间支付方案，是优选法和统筹法在记忆活动中的运用。专家试验证明，用 150/100 的时间记新的知识，效果最好。也就是说，用 10 分钟可以记住的内容，你用 15 分钟来记，记得更牢。超过 150%，效果增长渐少；低于 100%，效果明显变差。150% 是学习记忆新知识的最佳时间支付方案。支付给记忆的时间是否适当，对记忆的效果影响也很大。

3. 间时记忆法

间时记忆法，是指在记忆持续一段时间后，让大脑休息一会儿，或者更换另一种学习方式的记忆方法。

间时记忆，是时间支配的弹性原则。大脑只能在一定的时间内保持记忆的高效率，到了一定的时间，就会出现疲倦、注意力不集中现象，再继续下去，效率就会降低。这时候，让大脑松弛一下，再继续记忆，效果反而会更好。

许多人都有这样的体会，看书看得头昏眼花时，放下书本到户外去走一圈，放松放松，就觉得脑子清爽多了。学校课间休息10分钟，上班人员做工间操，都在于适应大脑活动的特点，贯彻时间支配的弹性原则。

间时记忆，也可以通过变换学习内容让大脑得到放松。间时记忆法的运用，既是一种用脑的时间间隔，也是大脑休息的一种方式。

4. 限时记忆法

限时记忆法，是强制大脑在一定时间里完成规定记忆任务的一种方法。

在限时记忆的情况下，由于有了时间的限制，大脑可以形成强烈的时间意识，增强记忆的紧迫感，激发记忆的潜力，迫使注意力高度集中，争分夺秒，大大提高单位时间的利用率。限时记忆，可以克服拖沓、迟缓、懒惰的作风。

我国数学家陈景润回忆说，他在中学时代，每堂数学课做习

开发中小学生学习潜力的窍门

题，数学老师总是拿着手表计时、计分、计秒，这对他形成数学学习既讲准确率又讲高效率的好习惯，起到了至关重要的作用。

限时记忆的具体做法是，每记忆一份材料，先限定记熟的具体时间。记忆时，带着要解决的具体问题，紧紧抓住重点与解决问题的线索不放松，大脑积极思维，注意力高度集中。当记忆的材料需要连续看上多遍才能理解记忆时，记下每遍记忆所用的时间。要求每记一遍，时间应一次比一次短。记忆时，可以写成提纲、大意或做习题的形式，检查每次记忆的理解率，防止只讲记忆的速度不求甚解的弊病。

限时记忆应注意，记忆任务与时间限定应合情合理。否则，在规定的时间里完不成要记忆的任务，反而会产生受挫心理，以至怀疑自己的记忆能力。

第四节　对象性记忆方法

记忆以知识和经验为对象。就像木匠要研究各种木料的属性和特点一样，我们也必须研究各种记忆材料的属性和特点，然后采取相应的记忆方法，这样才能有效地提高记忆的效率。记忆对象的多样性，决定了记忆方法的多种性。对象性记忆的特点是"量体裁衣"，针对不同内容、不同性质、不同形式的材料，采取不同的记忆方法。下面我们就介绍一下对象性记忆法中的联想记忆法、重点记忆法、分类记忆法。

联想记忆法

联想记忆法，是将识记材料与存储在大脑的相关信息串联起来，以提高记忆的一种方法。

美国哈利·罗莱因先生说："记忆的最基本规律，就是对新的信息同已知的事物进行联想。"心理学家罗伯特·依·布伦南说："如果没有基本法则的知识，就是处理一串串冗长的信息，我们的记忆必定负担繁重。最完美的记忆方法是把现象按因果关系联系起来，因为哲学的任务是研究这种关系，所以我们可以主要通过培养哲理头脑来弥补记忆力的不足。"美国心理学家威廉·詹姆士说："一件在脑子里的事实，与其他多种事物发生联想，就容易很好地记住。所联想的其他事物，犹如一个个钓钩一般，能把记忆着的事物钩出来。"

记忆主要依靠在各项材料之间建立联系。如果有人问，瑞士和法国的国土是什么形状，一般人可能说不清楚，可要问意大利的国土是什么形状，很多人都会回答："像一只靴子"。人们熟悉靴子的形状，将意大利国土的形状与靴子联系起来，就会牢记不忘。

法国天才数学家格洛阿，就是用联想的方法破了案。

一天，格洛阿去找朋友鲁柏，当他来到迪·罗威艾街的一幢四层楼的公寓，走进二楼九室，看门女人却告诉他："鲁柏先生在两星期以前就死了，是被人用刀子刺死的，他父母刚寄来的钱也被偷去了，犯人还没有抓到。他死的时候，两手还紧紧握着没吃完的半块馅饼。警察感到迷惑不解，一个腹部受了重伤都快要

死的人，为什么要抓住那小块馅饼呢？"

这位数学家问："有没有犯人的线索？"看门女人回答说："犯人肯定住在这幢公寓里。出事前后，没见有人走进这个公寓。可是这个公寓有 60 个房间，上百号人……"

格洛阿又问："三楼有几个房间，请带我去看看。"看门女人说："1 号到 15 号。"当走到三楼 14 号门口他又问道："这房间住的是谁？""一个叫朱塞尔的人，是个浪荡子，爱赌钱，好喝酒，他昨天已经搬走了。"

格洛阿断定这个家伙就是杀人犯！后来朱塞尔落入法网，经审讯的确是他干的。

格洛阿从被害人手里紧握着的馅饼，联想这可能是个暗示：馅饼英语叫"Pie"，而希腊语就是"π"。"π"代表圆周率，是 3.14，这块饼暗示凶手就住在三楼 14 号房间。鲁柏也喜欢数学，所以他临死前极力想留下有关凶手的线索。

联想能克服任何概念之间在意义上的差距，把他们联结起来，这样的联系一般需要通过四个联系步骤，有的可能需要五六个步骤，这取决于概念之间的"意义距离"。

比如，"木材"与"足球"是不相关联的两个概念，假若以"木材"为起点，"足球"为终点，通过几个中间环节，便可以建立起记忆的联系：木材——森林——田野——足球场——足球。又如："天空"和"茶"是不相关的两个概念，但通过联想也可以建立起这样的联系：天空——土地——水——喝——茶。

运用联想记忆，应将知识条理化，建立起联想的提纲。

对于零散的，不便于记忆的知识，只要找出知识之间的内在联系，把它条理化，像用线穿起珍珠一样，列成提纲，就可以一提一串。

比如，在英语学习中，一个一个的单词或者语言点，就好像一颗一颗的珍珠，如果我们用它们造出 8 个句子，就好像有了 8 条项链。当你在重复学说这些句子时候，不用硬背就记住了单词，不用抠语法就掌握了语法。抓住其中一颗珍珠，就可以拾起 8 条项链。这就像中国传统语文教学中的造句法一样。每一个单元可以用 8 个句子来突破一个语言点，也就是说，用一个语言点引出 8 个句子来增强记忆。

串起联想的珍珠，应辨微察细，抓住事物的特征。特征，就是这一种材料区别于另一种材料的不同点。不少的记忆对象有着鲜明的个性特征，把握住它与其他材料的区别，就能很容易记住。

特征有本质特征和非本质特征。本质特征即事物的特殊性、事物的个性；非本质特征即事物外部的、局部的、形式方面的突出点或与众不同之处。事物的特征是事物的"环"与"把柄"，抓住它就可以把事物牢牢地拴在记忆的木桩上。

联想记忆，应根据七比特原则，掌握好记忆的节拍。

比特，是英语 bit 的音译，信息量的单位。专家称"七比特"是"信息接收的节拍"。即人的短期记忆每次最容易记住的信息是七比特。比如，在记忆英语单词时，你可用 7 个单词编成一句话，每句话的"节拍"设置在 7 个英语单词之内，这样记忆起来既不感到费劲，又容易记住。你记住了这个句子，便记住了单词。这种记忆方法，更适合那些词汇量少，不会听，不会说，词

汇量又很难进一步扩大的人。

知识之间的联系是各种各样的，不仅有纵的联系，也有横的联系。在记忆的时候，不仅要善于穿起珍珠，而且还要善于把知识编织成网。

重点记忆法

重点记忆法就是分清主次，有选择地记忆。

在学习上，没有重点就没有记忆。对记忆对象主次不分，轻重不辨，什么都记住，结果是什么也记不住，即使记住了也不一定都有作用。

语言学家曾作过这样的研究，搜集了30多本英、法、西班牙文学作品进行分析，发现使用频率最高的1000多个词汇，竟占所选各书全部文字的80%以上。这就是说，如果能记熟常用的1000多个单词，就可以理解书中80%的内容。而记熟常用的5000个单词，则在一篇文章里，可理解的内容达90%以上。记住5000个单词，当然不是一件容易的事，我们可以抓住重点，从最基本的1000个单词出发，逐步扩大。又比如，读唐诗，《唐诗三百首》可说是重点；读《唐诗三百首》，李白、杜甫、白居易的作品可说是重点。因为后者在一定程度上反映了前者的本质。

重点记忆，还要学会忘却。没有忘却，就没有记忆的重点。物理学家爱因斯坦读书有取有舍。他说，读书要"抓住书的骨肉，抛掉书的皮毛""在所阅读的书中找出可以把自己引向深处的东西""抛掉使头脑负担过重和会把自己诱导到不良之处的一切无用的东西。"

善于忘却，是所有学者的一个共同特点。世界最伟大的发明家爱迪生，以健忘闻名。据说，爱迪生一次去纳税机关纳税，纳税的人很多，于是他一边排队，一边思索着发明中的一个重要问题。等他排到收款员面前付款时，竟然报不出自己的名字，他竭力思索了好一阵子，还是忘得一干二净。结果还是邻居在一旁提醒了他，他才想起来自己的名字。

分类记忆法

分类记忆法，是把记忆的材料先分类之后再识记的一种方法。

记忆，也可以按照同类相属、异类相别的原则，把记忆对象分类、分科、分项记忆。这好比先把材料放进一个一个记忆的抽屉，再按类别记忆一样。

我国著名历史学家邓拓很善于分类识记材料。他将历史方面的资料，分为"矿冶业""漕运""家族与婚姻""宗教史料"等很多细目。他积累的资料卡片，也是分类保存的。我国北宋文学家苏轼读《汉书》，是按照治道、人物、地理、官制、兵法等项，一项一项去读，一项一项地搞清楚。

运用分类记忆的方法，我们每拿到一本书或一篇文章，可以分多次记忆，每次只专注记忆其中一个问题，而不管其他问题；一个问题记住了，再记忆下一个问题。这样，一个问题一个问题地记忆，一个问题一个问题地解决，几次下来，全书的内容就全部记住了。

分类记忆的好处是专一、扎实，难点分散，便于各个击破；

可以使问题简单化、条理化，促进理解，加深记忆。

第五节　感官性记忆方法

记忆不只用大脑，我们的身体五官都是记忆的接收器，是记忆的媒介。视觉、听觉、触觉、味觉、嗅觉都可以用来增强记忆。

我国宋代大学者朱熹曾说："读书有三到：心到，眼到，口到。心不在此，则眼看不仔细，心眼既不专一，却只漫浪诵读，决不能记，记亦不能久也。三到之中，心到最急。心既到矣，眼口岂有不到者乎。"这"三到"讲的就是注意同时发挥三种感官的作用。

各种感觉器官对于记忆的作用不同，其中最重要的是视觉和听觉。据专家估计，在我们记住的东西中，有85%是通过视觉，11%是通过听觉，仅有4%是通过味觉、嗅觉或触觉。很显然，训练感官，主要是训练耳目，提高视听能力。只有眼睛明亮，耳朵灵敏，才能"眼观六路，耳听八方"，记忆力得到较好的发展。

每个人器官的灵敏部位不同。"视觉记忆型"的人对看见的东西从眼睛传到大脑的信息记得最牢。据说，大约有3/4的人属于视觉记忆型；"听觉记忆型"的人，对听到的东西，从耳朵传递到大脑细胞的信号记得最牢；"动觉记忆型"的人通过运动记得最牢。事实上"五官"是相互配合、协同工作，只是在某种情况下偏劳于某个或几个器官罢了。

充分发挥感觉器官的作用，可以增强记忆效果。下面我们选择感官性记忆法中的情景记忆法、使用记忆法、协同记忆法进行介绍。

情景记忆法

情景记忆法，是通过丰富的想象创设出生动的音乐画面和生动情节的记忆方法。

科学家研究发现，人的大脑有 4 个主要的脑电波在工作，这 4 个脑电波，可以用电子脑电图仪测量到。而这 4 种脑电波中，最适于潜意识活动的是 α 波，在 α 波状态下，能够促进灵感，加快资料收集，取得记忆的最佳效果。

保加利亚心理学家、教育家乔治·罗扎诺夫发现，音乐能使身体和头脑和谐一致，特别是它会打开通向超级记忆的情绪通道——大脑的边缘系统。这个系统不仅主管情感，而且它是意识与潜意识脑之间的联结。

美国快速学习法先驱泰丽·怀勒·韦伯指出："某些类型的音乐节奏有助于放松身体，安抚呼吸，平静 β 波震颤并引发易于进行新信息学习的放松性警觉状态。"这类音乐的节奏与 α 脑电波是一致的，或者说，这类音乐的速度与大脑处于放松活跃状态下的波长是相似的，它能使身体和大脑和谐一致。

快速学习法专家把这类音乐的作用概括为 3 个层次：帮助放松紧张的大脑神经；激活右脑接收新信息；帮助将信息移入长期记忆库。如果在这类音乐的伴奏下，有人将信息读给你听，信息就会飘进你的潜意识里，你就能更快更好地学习。

我国著名英语教育专家、心理学博士辛沛沛，引入罗扎诺夫

推荐的专用于外语学习的特选音乐，设置情境教学，有效地提高了学生的英语学习能力。

她的具体做法是：在英语学习的过程中，通过轻松、舒缓的音乐，设置出一幅美妙的大自然画卷。画卷里有鸟语花香、有潺潺流水，学生在音乐的陶冶之中，不由自主地进入到一种平静、舒缓、愉悦、放松的精神状态。在这种音乐背景中，中文小姐用母语像是在讲述一个美妙动听的故事一样，给你描述一段场景，接着，美国老师轻缓地读出英语句子。在这种场景中，你很自然地听懂了美国老师说的每一句英语，并且毫不费劲地跟着说。

当跟着说了几遍之后，就能轻松地抢在美国老师的前面说出英语来。与此同时，英语句子在不知不觉中"飘进"记忆仓库。录音结束后，余音袅袅，英语句子还萦绕在脑际，再次悄悄地潜入了长期记忆仓库。

由于这种英语学习每句话都给了一定的语言环境，当学习之后，每逢遇到类似的语言环境，你就会条件反射，很自然地联想到当时学习的情景，脱口说出恰当的英语句子来。通过反复听，反复模仿，反复实践，记忆一次次被激活，英语一次次潜入长期记忆的仓库。

这种记忆方式，与"幼儿学母语"的现象有着异曲同工之效。我们知道，儿童学说话，只需要用两三年的时间，没有背单词，没有抠语法，更没有使用书本，只靠多种语言场景和大脑对场景的条件反射。

使用记忆法

使用记忆法，是一种学以致用的记忆方法。

古语说："操千曲而后晓声，观千剑而后识器。"有多次的"操"与"观"，而后才有"晓"与"识"。在使用知识的过程中，往往是全部身心都在操作体验，这使各种器官和谐地发挥作用，感受倍加深刻。

我国著名园艺学家吴耕民教授这样解释"学习"二字，他说"'学'是模仿或照样做；'习'是练习或复习。对一种行动或科学技术，先模仿照样做，然后反复练习，使之纯熟，最后熟能生巧，有个人心得或新发现，才能得到一种快乐。"

专家指出，我们能够掌握阅读内容的 10%，听到内容的 15%，亲身经历内容的 80%。

使用记忆，常常表现为参与实习、实训、实验的亲身体验。

马克思很重视通过使用来巩固和提高记忆力。据李卜克内西回忆，有一次，马克思见李卜克内西的西班牙语讲得很糟，就从书架上抽出西班牙作家塞万提斯的著名小说《堂吉诃德》给他上了一课。以后，马克思还每天要李卜克内西叙述作品中有关部分的内容。遇到疑难问题的时候，还要他把原文翻译出来。由于不断地复述和翻译，李卜克内西很快地掌握了西班牙语。

使用记忆，可以在改正学习错误中增强记忆。

改错，是通过再次的思维，建立正确的暂时神经联系，纠正思维偏差。因为它有一个从错误到正确的认识过程，有一个正误的对照，所以给大脑打下深刻的烙印。比如，有的学生懂得改错对于巩固知识的意义，他们备有一本"错题集"，每当自己的作业、答卷、笔记和作品中有了差错，就过录到"错题集"上，标明差错的地方，重新做一遍，把正确结论写上去。这样做的结果，增加了头脑中正确知识的比重，并能牢固地保持它们。这种方法是很值得学习的。

使用记忆，可以在查阅工具书中，进行外储式记忆。

生产工具是手臂的延伸，记忆工具则是大脑的延伸，它的好处在于可以减轻大脑的记忆负荷，省出精力来记忆最主要的东西，进行创造性思维活动。

大物理学家爱因斯坦认为，有些不常用的数据之类的东西，不一定样样记在脑子里，用时翻一翻工具书就行了。

据说，有人问一位著名的历史学家："拿破仑死于哪一年?"

那位历史学家很生气地回答道："任何图书管理员都能回答这个问题，何必来问我呢?"这位历史学家的意思是说，没有必要事事都麻烦自己的记忆。历史人物的生卒年月等材料，我们可以通过查阅工具书来代替记忆。

使用记忆，可采用备忘录的形式帮助记忆零星琐事。

生活中的零星琐事，记不住往往不重要，工作中的微小细节，记不住往往容易出纰漏。而要记住它，又会增加大脑负担。怎么办呢? 最好的办法就是启用备忘录。墙上的记事板，桌上的台历，随手写的便条，都是很好的备忘录。把要办的事记上，事情办完，或擦掉，或翻过，或扔掉。这样，事情办好了，大脑又没有负担。

协同记忆法

协同记忆法，是把眼、耳、鼻、口、舌、手、脑等多种感官一起调动起来，增强记忆的方法。

我们知道，输入大脑的信息通过多种感官通道。有的通过视觉，有的通过听觉，有的通过味觉，有的通过触觉。充分利用各种感官，建立多种通道的联系，让各种感官共同参与记忆，通过看其书、观其形、感其味的多种尝试，便会增强记忆力。

比如，语文学习一般都须做到口到、眼到、心到、耳到、手到、足到。所谓口到，是记忆背诵；眼到，是把字句一一看清楚，即要有感性认识；心到，是要求了解字义或文义；耳到，是求文字的韵调悦耳；手到，是做练习和模仿写作；足到，是对不明的事物，跑到图书馆查查资料。学习语文，从朗读、背诵、理解，应用、巩固加深记忆，做到出口成章，提笔成章，学以致用，哪一个环节都离不开感观的协同作用。

清华大学英语教育专家正是认清了各种感官对加强记忆的作用，总结出了背单词的五维立体记忆法。他们让学生在背每一个单词时，快速通过听、说、读、写、译五个记忆过程，调动眼、耳、口、手、脑五大记忆器官，通过多重感官刺激，使视、听、说、写、思五大记忆系统合为一体，融会贯通，增强记忆。

第五章　开发你的阅读潜力

　　人的阅读潜力很大，现在大多数人的阅读功能只用了10%左右。如果掌握快速阅读的方法，就可以每分钟读千字左右，阅读速度可提高4倍。所以说，快速阅读是获取知识的加速器。在知识爆炸的今天，我们应当人人都具备快速阅读的技能。一个人如果不能高速度地获取人类创造的新知识，以此来充实自己，就必然跟不上时代的步伐。

第一节　快速阅读不是梦

　　快速阅读不仅是一种迅速吸收信息的读书方法，而且也是一种高效率的思维方法和记忆方法。它关系到学生智力的发展，是当今人才必备的基本功。前苏联哈尔科夫师范学院有人做过一个调查，发现阅读速度快的学生中，学习成绩优良的占53%，而阅读速度慢的学生中，学习成绩优良的还不到4%。

　　快速阅读就是加快读书的速度，在单位时间内使阅读的内容呈多倍的增长。这种方法的阅读过程往往以默读为主，采取整体认知的方式，结合已掌握了的构词方式、句子结构、句与句之间的关系等一般规律和模式，不是一字一字地读，而是一句一句，一行一行地看，甚至"一目十行"地看。但不允许粗略，更不允许错，而要以"准"为基础，以"理解"为前提。

快速阅读法并不复杂，其关键是充分发挥右脑的图像功能，在眼停的瞬间能感知较多的文字。由逐字逐句的认读，发展到逐行的看读，再由逐行看读发展到数行乃至十几行的扫读。进行快速阅读的要求是，不动唇，不出声，精力集中，扩大目光笼罩范围，并能抓住关键用语和句子，迅速进行分析综合，理解文章的内容。

提高阅读速度的根本是速度观念，就是强迫自己比过去读得快。

当然，这首先要提高速度，然后考虑理解率。当你迫使自己读得更快的时候，你的大脑就不得不为了适应这种快速度而快速理解。

快速阅读过程中遇到的一个障碍是音声化现象。就是说，只有当你的大脑听到你读出来的单词，你才会理解它。如果你有音声化现象，阅读速度就会被限制。音声化越少，你读得就越快。去除音声化现象，获得快速阅读最容易的方法，就是突然加快阅读速度，瞬间达到高速增长的转变。

我们从未见到有哪个人是一点一点地逐步学会快速阅读的。当速度还不够快时，碰到感兴趣的细节时，阅读速度就会不自觉地慢下来，这就不是快速阅读了。不想错过故事任何细节的想法拖住了你的阅读速度。

当阅读速度加快时，比如以 5 ~ 10 秒钟或更快的速度读完一页，而且习惯于看得很快时，音声化现象也随之减弱。你可能永远不能彻底消除音声化现象，但可以把它的影响降到最低。有个

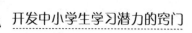

每分钟能读 25000 字的人，他读书的时候每页也还会有一两个字发出声音。

快速阅读课可以提高人们的观察能力和增强自信心，这两个方面贯穿于整个课堂练习之中。

心理学家发现最好的快速阅读者，就是那些能在头脑中将所读内容显现出一幅完美图画的人，即摄像式记忆。快速阅读就像在大脑中放电影一样，故事里的人物都活了。

记忆专家指出，一定要保证每天做 15 ~ 30 分钟的快速阅读练习。事实证明，那些每天坚持练习的学生，在课堂上做得也很好；而没做练习的学生，在课堂上学习就较吃力。如果你已经掌握了快速阅读技能，你每天还要用 15 ~ 30 分钟的时间练习这项技能，至少坚持几个月，半年或一年更好。这是因为学习快速阅读技能，就像穿溜冰鞋的感觉一样，即使知道怎样溜冰，当第一次穿溜冰鞋时，感觉还是不舒服。溜了一段时间后，自信心增加了，同时最重要的是舒适感也增加了，等到已经习惯溜冰，就再也忘不掉了。同样，当一个小孩学完一个月的速读课程后，他能够很熟练地进行快速阅读，但可能一开始他会感到不是特别的舒服。

在开始阅读之前，很少有人为自己设定读完时间。阅读时间是指完成阅读所用的时间，如果这本书用两小时阅读完，读完时间就是两小时。许多人认为从儿童时代至今一直未设定读完时间，也未出现过什么严重的不良后果，因此，他们未设定读完时间就开始阅读，阅读完毕后也不计算此次阅读所花的时间是几小时、几分钟。

如果你没有设定读完时间的习惯，长大后的一些经历可能促使你作出改变。常言道："需要是发明之母。"用在速读上，则是"需要是快速阅读、思考之母。"只有在阅读速度上不断地下工夫、多练习、多阅读，只有这样才能开发你的阅读潜力。

第二节　快速阅读的关键

学习快速阅读有四个关键点：自然视觉、眼脑映像、心理放松、坚持实践。这些要点是在符合全脑工作原理的基础上提出来的，在阅读之中，坚持贯彻，就能收到又快又好的阅读效果。

花一分钟时间看窗外的一棵树，或假设你看见了一棵树。你一眼看到的是一片树叶，还是一整棵树呢？绝大多数的人一两眼会看到的是一整棵树，这就是自然视觉。除了看书中的文字之外，我们看任何事物，用的都是自然视觉。

绝大多数人读书时，一目只能看一个字，就像通过吸管窥视一样，这种视觉称为管状视觉。管状视觉是后天培养起来的，并且眼睛很容易疲劳。而你快速阅读时，用看一整棵树的方法，去看整页书上的字，把整页的内容想象成一棵树。书上的每个字像树上的每片树叶。使用这种自然视觉，能利用全部的视觉清晰区，看清一页上的大片文字。刚开始不要试图去理解任何内容。只要练习看清楚那些字，就当它们是树叶一样，根本不用考虑理解率。

你是否读过一本非常好的书，以至于你感到自己身临其境？或者你能在大脑里生动地描述它，就像看一部精彩的电影？对了，这就是我们进行眼脑映像练习的目的。

问题是，以前你在快速阅读时，你的大脑从来就没有出现过眼脑映像，所以你要努力，使之达到眼脑映像的水平。事实上，在第一天做到眼脑映像非常困难，但一定要尝试。下面的这个练习就可以试着尝试。

先打开一本通俗易懂的故事书。比如看到"房子"时，你能想象出一所房子吗？我能。什么颜色？我想象的是小木屋，棕色的。有草坪吗？我的没有。你闻到什么气味了吗？我闻到了壁炉里的烟味。你能听到什么声音吗？能，万人劈柴的声音。你大脑里构建的细节越多越详细，故事就变得越生动越真实。当然读的过程中会有些停顿，大多数人都是这样。当你描绘的故事画面足够多时，那些画面就会在你的大脑中变成一部电影。

正常情况下，当人们集中精力做某件事时，注意力高度集中，总会有一点心理紧张。在快速阅读时，则完全不同，为了最大限度地提高理解率，集中精力阅读和眼脑映像时必须注意心理放松。在做了几分钟的随意阅读练习后，你就能体会到放松的感觉。

不要低估日常实践的重要性。坚持日常实践的人，正是那些掌握快速阅读技能最好的人。谁忽视了实践，谁就不能完全掌握快速阅读。

理解对于快速阅读很重要。我们所说的快速阅读，就是在理解的基础上阅读。如果抛开了对所读材料的理解，而单纯追求速度，那这个速度即使再快也是没有意义的。因此我们在进行快速阅读训练时，一定要处理好阅读速度与理解率的关系。

快速阅读训练中的理解率应当达到一个什么样的水平呢？一般来说，正常的理解率大约是70％。这就是说，通过阅读测试，全班学生平均理解率可望达到70％，换句话说，一个中等水平的学生，其阅读理解率应在70％上下。如果你的理解率一直保持在90％~100％，这也不太正常，这说明你可能过于注重理解，而不太注意速度了。如果你的理解率保持在90％~100％，而你的阅读速度比其他同学也不慢的话，这说明你还有潜力来提高阅读速度。

我们进行速读训练，应当是辩证地对待和理解的关系，使之达到一个理想效果。比如，每分钟阅读400字，理解率为70％。常常要比每分钟阅读200字，理解率为90％更有成效。就一般情况来看，在速读训练中，没有必要去追求100％的理解。所以在训练中，要保持阅读速度和理解率的适当比例比较合适。

即我们要追求的既不是单纯的高理解率，也不是单纯的快速度，而是较高的阅读效率。

快速阅读的出发点是"将读完目标值提高、范围缩小"。换言之，不能将读完目标值设定得太低，而且阅读内容的范围不能太大。

当曼尔顿还是一名银行的普通职员时，尚未研究、总结快速阅读的方法。那时工作的主要内容是在营业厅接待顾客。"阅读"不是工作内容。因此，当要阅读什么资料、文件时，从未设定读完时间。后来，曼尔顿先生的工作变动，被调入银行的调查部，工作内容变成从早到晚阅读和写作。也就是说，工作性质发生了一百八十度的大变化。

由于曼尔顿先生的阅读速度慢，因此在调查部工作感觉时间紧张、压力较大。曼尔顿先生的工作任务是写每月发行的调查月报，为银行的高层管理者们写经济报告，并将高层管理者们下达的命令的执行情况写成汇报等等，没完没了地写。可是，巧妇难做无米之炊，写作需要材料。若不阅读大量的相关资料就无内容可写。曼尔顿先生陷入了若不快速阅读就不能按时完成工作任务之困境。

于是，曼尔顿先生决定为自己规定"读完时间"，在规定的时间内读完。即设定如"用一个小时读完这本书"这样的时间目标值。

但是，即使设定了读完时间目标值，他也常常不能在交稿期限内完成写作任务。因此，他将目标值提高。由于是时间目标，将目标值提高的实际效果是将设定的读完时间缩短。

然而，尽管提高了读完时间目标值，曼尔顿仍然感到时间不够用。于是，他又推出了一项对策，将读完目标的范围缩小，即将阅读的内容范围缩小。例如，若将阅读的内容定为关于"美国经济"的资料，则内容范围过大，若将阅读的内容具体地定为关于"预测1996年美国的短期经济景气"的资料，则将阅读的内容范围缩小了。

促使曼尔顿先生快速阅读的原因是，做了经营战略顾问以后，必须尽快地熟悉繁多的行业情况，以便快速为顾客出谋划策、指点迷津。在这种需要的前提下，他把"将读完目标值提高、范围缩小"。这一法则在实践中得到了运用和完善。结果也收到了良好的效果。

第三节 提升你的阅读速度

眼的主要部分是眼球，此外还有使眼球运动的肌肉，保护眼球的眼睑、结膜和泪器等。进入眼球的光线和信号由晶体聚焦到视网膜上，视网膜有上亿个对光敏感的小细胞，其中锥状细胞能感受特殊的颜色，而杆状细胞能感受光的强度。这些细胞连接到遍布视网膜的神经网，而这之后神经就将信息直接传送到大脑。其实视网膜并没有同大脑分开，它应当被看做是大脑皮层的延伸。视网膜的中心叫中央凹，它是细胞密集的小区域，2000 个锥状细胞聚集在比 0.1 平方毫米还小的地方。落在中央凹的景象比落在视网膜的任何部位都更清晰和敏锐。而当我们直接看某件物体时，物体的光信号就落在中央凹上。中央凹所能看见的不到整个视野的四万分之一。

1908 年，爱得曼·惠在他的开创性著作《阅读心理学和教育学》一书中就曾指出，眼睛在阅读时从一个注视点到下一个注视点需要 0.25 秒的时间，故眼睛每秒只能注视 4 个注视点，而一般读者读一行文字约需 3~6 个注视点。在阅读材料相同的情况下，读者的阅读力越高，在每个注视点里所摄入的信息就越多。不过尽管最精确的知觉发生在中央凹。但是仍能看见中心以外的影像，只不过不大清楚而已。

中央凹以外的视觉称为边缘视觉。

而早在 1879 年，法国巴黎大学教授耶瓦尔就已经发现了眼睛不是平衡地移动，他称这种运动为急动；自那以后心理学家们

称眼睛这种运动为"眼动"。换言之，他发现眼球是很少静止半秒钟以上的，实际上是在不停地快速跳动。

根据眼球测定仪的测定，阅读时眼球一次快速短暂的跳动时间大约需要 0.022 秒左右。而在每次跳动之间还有一个间隙，叫做"注视"；如果不是故意停顿的话，那么在一般情况下正常的"注视"间隙为 0.2～0.25 秒。因此在阅读过程中人的眼球 90%～95% 的时间都在处于"注视"中，读者也就是在这"注视"中从文字符号里摄取信息的。这种情况类似照相，在这瞬间的曝光里底片就感知到了景物。当然在阅读中将注视点放在什么地方，注视间隙控制多长时间，注视焦点与意识焦点是否同步等等，这些都是读者可以自由安排的。

研究表明，在阅读过程中，人的眼睛只能处于两种状态：要么是固定（停止）状态，要么是固定点的移动（运动）状态。

眼睛要感知文章，只能够在它处于停止状态（或者说固定状态）的条件下才能实现。人的眼睛一天所固定的次数可以达到 10 万次。但是，其中的大部分时间不是在获取信息，就是说，它只是处于一种无效固定的状态。眼睛固定时间的长短在很大程度上依赖于观察者本身所观察的目标的性质和内容以及感知它的目的和价值。

当然，眼睛在这种情况下处理信息的速度还依赖于它每次停顿时所获得的信息量。这样一来，提高阅读速度的问题，就成了提高眼睛在停顿的单位时间里接收信息量的大小问题。必须指出，这里所提到的过程还反映了视觉感知文章的特点问题。提高阅读速度的这种方法是学习快速阅读法的基础。事实上，尽管提高阅读力的方法多种多样，但是，所有的快速阅读法只有一个目的，使读者在单位时间里能够掌握更多的信息。

阅读时眼睛的运动是一种无意识的运动。其原因就在于，眼睛里没有所谓有意识的、自觉控制的动觉反馈现象。假如有这种反馈现象的话，就可以通过它把眼睛细微变化的信息传给大脑。人们要知道自己目光的方向，不是根据眼睛运动的结果，而是根据观察物体的方向和其他因素，例如，头部的摆动和综合等。

由此可见，眼睛的无意识运动在视觉感知方面起着巨大作用。视力系统的变化过程是综合性的，因此，当专家们认识到这种现象的时候指出："我们往往并不知道我们看到了什么，也不知道我们在看什么。"当人们在看一个确定目标时，眼球总是在眼眶内做有规律的跳动，跳动的频率是每秒钟 2~5 次。观察的结果表明，人在读书时，这种跳动是沿着文字以每秒钟 3~4 次的频率跳动的。眼睛微动的形式有三种：波浪式——从中心向外的跳动；飞跃式——从眼边向内的跳动；颤抖式——沿着主波的高频率跳动。

这三种微动的振幅都是很小的。从这里可以得出一个对于提高阅读力具有决定意义的重要结论。这个结论是：阅读速度快和阅读速度慢的区别，不在于读者眼睛运动的快慢，而在于眼球固定时眼睛感知的信息量的多寡。

同样，我们读完了一篇文章或者一本书的时候，虽然能够转述其中的内容，但是却永远也不知道，在阅读的时候眼睛是如何转动的，在哪儿停顿的，又是如何继续下去的？多数人总以为人在读书时目光是沿着字里行间均匀地滑行的，实际上情况并非如此。人在阅读时眼睛在做跳跃式的运动，或者说，在做所谓急速扫描式的运动，眼睛在每一行里只停留两三处。除此之外，视觉分析器从任何一种图形（包括文章）里只能吸取部分信息，也就是说，它不能把一个地方（如视网膜）形成的图像全盘地搬到另一个地方（如大脑）。

要从文章里提取精华、舍弃不必要的东西，就要像重新编码那样，要把从反复出现的信息中所得到的无用信号排除掉。眼睛的运动及其在看书时的线路，在一定程度上是由习惯决定的。科学家们把各种不同职业的读者读书时处理文字信息的基本习惯分成了四种：

第一按字阅读，即一个字一个字地挨着读。采取这种读法的多半是文化程度低的人。

第二按音阶阅读。按音阶阅读的人多半为一年级的学生。这是因为，音阶是发音的最小单位。

第三逐词阅读。这种人读起文章来只看几个词，就能够确定定义。要养成这种习惯得有很高的阅历、渊博的知识、很强的视觉记忆能力和广泛的词汇量。可以肯定，多数成年人采用的都是逐词阅读法。然而令人遗憾的是，他们阅读起来多半是带音的。在这种情况下，往往是看第一个词的前几个音阶，第二个词的前几个字母，其他的主要就靠猜测了。

第四按概念阅读。采用这种方法，先从文章里找出关键词和反映基本概念的线索，然后再由读者加以提炼。这种读法说明，读者具有高超的阅读力，良好的阅读习惯，很高的知识水平，超人的记忆力和创造性的理解力。

值得一提的是，莎士比亚对此早有阐述。他写道："阅读和写作一样重要；因此，读者有够资格和不够资格的称号也是必要的，这是古代埃及的产物，在那里祭司被认为是唯一够资格的作家同时也是唯一够资格的读者。"

猜读是种通过文章的逻辑结构预测文章内容的方法。一般来说，无须阅读文章的所有单词就能达到这种目的。这种阅读甚至可以不用眼睛就足以完成。

语言学家们指出，在分析文章和理解文章中，所谓报纸的版面效果起着极为重要的作用。回忆一下作家莫尔斯写的中篇小说《巴克教授的实验》是颇有意义的，小说的主人公是个新闻工作者，他只通过大脑里记下来的几个版的几个现成的词组就可以对巴克教授的任何提问对答如流。从这位新闻工作者善于对报刊材料做出成套反应这点就足以证明，专门从事新闻工作的人员心里有一套现成的词组。不仅新闻工作者如此，报刊材料的热心读者也是如此，这种有益的阅读力，通过一些特殊的练习就能很快地培养起来。

事实说明，人们的目光总是集中在关键词和基本概念上，也就是说，目光的中心部分总是集中在作者和读者所认定的概念性最强的词组上。要达到这种目的，就得学习超级阅读法，因为这种方法可以抓住文章的概念关系，是可以吸取文章的精华的，学习了超级阅读法的人由于扩大了眼睛的余光区，由于克服了读书时的发音现象，所以养成了足以把视力集中到中心概念（即文章的精华）上的一种最佳能力。

综上所述，为了增加阅读速度，必须做到减少眼睛固定的次数；增加眼睛固定时接受词汇的数量；减少重读的次数。

总而言之，这些要求是超级阅读法不可缺少的。因为在采用这种方法的条件下，读者的目光主要是沿着每一页中间的一条假设的垂直线上下运动的，至于左右之间的摆动则是根不明显的。在采用传统式的慢读方法时，情况则是另一样：目光从左到右逐行逐行地运动，即先读完前一行，再去读下一行。在采用超级阅读法的条件下，目光运动的线路就短多了：它从整页文章中找到了条捷径（直线）而向下移动。

第四节　有效的快速阅读方法

培养中小学生的快速阅读能力，不仅是扩大知识面，适应社会和时代发展的需要，也是提高学习效率的重要途径。快速阅读法，是在各种感官特长的基础，发挥右脑的形象功能，从而激活大脑的全部记忆细胞来参与学习过程的一种快速阅读法。从速读和效果两方面来讲，都大大胜过传统的读书法。掌握全脑快速阅读法，必能有效地推动中小学生的阅读效果和效率。下面就介绍四种行之有效的快读阅读方法：

1. 浏览读书法

英国著名学者狄慈根说："我阅读关于我所不懂的题目之书籍时，所用的方法，是先求得该题目的肤浅的见解，先浏览许多页和许多章，然后才从头重新读起，以求获得精密的知识。"

在读书的问题上，每个人的方式和方法不尽相同。或许你会发现，有些书是匆匆翻了一遍就放过去了；有些书虽然细细读过，但读完就了事；有些书只需读读开头，就不再去理会；而有些书则经过多次的反复阅读，甚至还做了读书笔记。

读书方式虽然多种多样，但是，如果进行归类，实质上只有两种，一是观其大意，知其概略即可的"浏览"方式；一是认真寻究，取其要领的"详读"方式。

这两种读书方式，就时间来说，前一种可以节省些，后一种要花时间多一点；就效果来说，前一种要差一些，而后一种则好得多。但是，不论是"浏览"还是详读，都十分重要，因为它们是提高读书效率的相辅相成的对立统一形式，必须予以足够的重视。

浏览就是在读一本书之初，先概括地审查一遍。这个阶段特别着重看书的序、前言、内容提要、目录、正文中的大小标题、图、表、照片，以及注释、参考文献和索引这些附加部分，以便对全书有一个总的直觉印象。这不仅可获得对全书框架的大体了解，还可以把自己原先已掌握的有关知识与经验调动起来，为进一步阅读和研究打下良好的基础。

古今中外，凡学识渊博，大有成就的名人、学者，无一不是把"浏览"和"详读"有机结合起来的典范。

被誉为世界文坛中最有成就的作家之一的鲁迅，在博览群书时有一个习惯，叫做随便翻翻，也就是轻松地浏览一般的报纸杂志，有时从一本书里选一篇或几篇文章读读，有时甚至只看看目录。

也许有人会问，这样读书能有收获吗？其实，我们在这里所

讲的浏览并不是"随便翻翻"的代名词，而是一种很有价值的读书方法。

书海漫漫，如果每本书都一丝不苟地读一遍，一则时间不允许，二则有些书报也无认真研读之必要。所以，对一般的参考性书籍、资料性书籍和消遣性书报，只需要随便地"浏览"一下即可，这样既省时间，而且效率也高。

鲁迅说，要想得到一点东西不容易，"随便翻翻"却可以帮助我们广收博采，不断积累和获得学问。

许广平在《鲁迅回忆录》中说，鲁迅单在1912～1913年两年间读过的书就有诗话、杂着、画谱、杂记、丛书、尺牍、史书、汇刊、墓志、碑帖等等；此后几年间，还有诗稿、作家文集、壁画、造像、画集以及世界名人的一些作品。据不完全统计，鲁迅的藏书现在还保存着的，就达3800多种、12000多册，其中还有5000多张碑拓片。

这些书，绝大多数都是鲁迅"浏览"过的。

可以想见，鲁迅先生若不采用"浏览"的读书方法，而是每书必"句句研读""一探索清楚"，那是无论如何也读不了这么多书的。

对鲁迅的"随便翻翻"浏览式的读书法应怎样认识呢？首先是他养成了良好的读书习惯和浓厚的读书兴趣。书在手头不读不快，总要"看一遍目录"或"看几页内容"，从中获得知识。其次是鲁迅把"浏览"作为一种调节读书气氛，消除疲劳的有效方法。因为他在运用这种读书方法时，"往往在作文或看非看不可的书籍之后，觉得疲劳的时候，也拿这玩意儿作消遣了，而且它也的确能消除疲劳"。

"随便翻翻"是浏览，是泛读，鲁迅强调要把泛读和精读结合起来，使两者相辅相成。要在浏览的基础上，根据自己的基础和爱好，尽可能结合工作和专业，选择一种或几种专业书籍作系统地精深地钻研，持之以恒，使自己的知识向着全面系统的方向发展。

人们主张读书采取"浏览"的方式，那么浏览读书法的要求和目的是什么呢？

第一，是为"详读"作准备的。因为在"详读"某一本书之前，首先需了解一下这本书的主要内容及章节安排，摸一下底，做到心中有数，以便在"详读"时有个重点，进行深入的钻研。从这层意义讲，"浏览"是为"精读"打基础。

第二，对一部书是否有必要去"详读"，浏览一遍，再作决定。

从这个意义上讲，"浏览"是为"详读"作好选择，进行"投石问路"。

第三，"浏览"是为了开阔视野，丰富知识，争取在短期内用少量的时间尽可能地多读一些书。

第四，"浏览"也含有在"详读"之后调剂一下大脑的作用。这样既可解除疲劳，又可不浪费时间。

浏览的速度是很快的，大有"一目十行"之势。据专家统计，一般人读书的速度，平均为每秒钟 7 个字，读 30 分钟是 12 600字，也就是大约 15 页书。浏览则要比这种速度快得多，30 分钟就可读完一大本书。

但是，"浏览"与"详读"的要求不完全相同，但也决不意味着可以马马虎虎，不假思索地"走马观花"。

浏览是获取有用信息的补充手段，是在学习过程中一种有效提高速度和效率的方法。

2. 跳跃阅读法

跳跃阅读就是对读物不全读，而是择需摘要地阅读或变序阅读。

阅读时，以最快的阅读速度挑选文章中最重要的章节或段落，或抓住文章的筋骨脉络有重点地阅读，把无关紧要的文字、图片、解释等搁在一边；或当读明白了重要章节后，再由果采因，以重点带全文。阅读某一段落，只要抓住几个关键句子和与之密切相关的某些重点字词，就可以了解这段大意，其余的就可以跳跃过去。

根据世界科学飞速发展的形势，著名科学家钱伟长对跳读提出了自己独到、深刻的见解。

钱伟长说："有人主张读什么书都要循序渐进，对每一个难关、每一句话都要搞通弄懂。我认为不能绝对化，要从实际需要出发，因为我们要学的东西很多，如果读每本书一遇到不懂的地方都要去死抠，势必要花费很多时间和精力，就会像小脚老太走路那样，走走停停举步不前，进度就太慢了。我认为读书也可以学三级跳远的方法，首先要弄懂最要紧的地方，次要的地方一时不懂可以跳过去。因为有些问题初看时可能不懂，但等你读完下一章后，不懂的地方可能就会清楚起来。甚至有些重要的问题暂时也可以放一下，因为越是重要的问题书上越是提得多，前面提的时候可能不清楚，到后面再提到的时候，就可能容易理解了。"

跳式阅读主要用于查找资料。在休闲的时候，拿来一些书报杂志随便翻翻，有选择地跳读，会尝到"踏破铁鞋无觅处，得来全不费工夫"的甜头。

3. 无声阅读法

无声阅读法，是指在阅读时，大脑直接感受文字的意思，不必通过发音器官将文字转换为声音的一种快速阅读方法。采用无声阅读，由于发音器官受抑制，视觉不受逐字换音的牵制，因而视角广度大，便于以句、以行，甚至以段、以页为阅读单位进行阅读，还可以根据阅读目的需要游览、跳读。由于是直接理解文字的意义，省掉了发音阶段，所以阅读速度比出声读的速度快。据研究，就一般读者来说，无声阅读的速度是出声阅读的速度的3 倍左右。无声阅读是快速阅读基本要领之一，要掌握快速阅读法也就必须掌握无声阅读法。

无声阅读不等于默读。默读虽然听不出发音，但它实际是在自我听读，也就是说大脑的语言运动中枢以及相关联的发音器官都是处在强烈的冲动之中，用科学仪器可以测出它们的运动状况，阅读时，存在着一种压得很轻的、不为人所察觉的声音。这种内听现象，在默读时广泛存在。采用无声阅读法阅读，则完全排除了内听，它将对文字的理解由压缩后便于思维的内部语言来反映。这种内部语言是一种不借助声音的语言，它是一系列能反映文章内容的关键词，这些关键词去掉了许多多余的、次要的信息，是一种缩语式的无声语。

要运用无声阅读法，必须学会严格控制发音，直接感受文字的意思。归纳起来，无声阅读的关键是克服"四动"。

第一是"唇动"。嘴唇轻轻启动，发出非常微弱的人耳听不到的声音。

第二是"舌动"。这种情况更不容易察觉，想都难以想到。当我们将嘴闭合的时候，舌头是静止的，可当我们开始阅读的时候，舌头仍然处于静止状态，我们都会认为它没有别的动作，没有再出声。可是，舌底下有块肌肉却没有停止活动，它在微微颤动，而且很"忙乎"，上下急速地颤动着。它在干什么呢？那是它与喉部声带一起在偷偷读书呢！我们却毫不察觉。

第三是"颏动"。这也是在偷偷发声，发出我们人耳听不到的声音参与阅读，这就降低了阅读速度。

第四是"喉动"。它与舌头底下那块肌肉一道，在偷偷地参与阅读。它也是难以发现的，只有把高度灵敏的话筒系在脖颈上，随着阅读活动的进行，扩音器里才能传出轻微的声音。

如果这些不易察觉的潜读动作不能被有效克服，就会影响快速阅读。克服的方法如下：

（1）把整个喉咙部分的肌肉全部放松。

（2）把嘴唇合上并含上一块糖，它能帮助消除舌头下方肌肉参与阅读的颤动，经过一段时间锻炼之后，舌头下方肌肉偷偷参与阅读的动作消失了，就可以不必再含糖看书了。

（3）我们可以检查喉咙是否还在潜读，把双手轻轻地放在喉咙部位，阅读中它如发生任何轻微的带有一定节奏的颤动，那就说明它还在进行潜读，这时候，你可以按上述方法加以克服。

（4）克服颏动及膈肌颤动的办法是保持正确的阅读姿势，快速阅读的高速并不意味着呼吸速度也要加快，那样做，不利于实施快速阅读。快速阅读时，大脑处于高度集中的注意状态，而身体器官要放松。学会腹式呼吸，有利于全身肌肉和其他器官的松弛，有利于克服颏动和膈肌颤动。

4．线式阅读法

线式阅读法阅读广度较大、速度较快、数量较多。要提高阅读能力，就要学会由逐字逐词读，改为逐句逐行地读，即采用线式阅读法。具体而言，在阅读时，以词组或句子为注视单位，一眼扫过去，可以捕捉到一个词组、一句或一行，这叫线式阅读法。

在进行线式阅读训练时，以下三点要领值得注意：

（1）努力增大所领悟的"完形"。我们的阅读过程。并非简单的眼睛运动，而是一个"阅读领悟过程"。这种"阅读领悟过程"是一种思考式心理现象。所以能否阅读得快，一眼看了三五个词固然是重要的，但更重要的还是阅读的思维过程，因为思维过程是将这些词作为一个有意义的整体来领悟的。

有的心理学家把这样完整的意义单位称为"定形"中的"格式塔"。完形心理学家认为，人的头脑是按照意义单位而进行思维的。

因此，如果我们要从口头语言或文字材料中去寻找作者告诉我们的意义，就不应从单个的词中去寻找，而应在词组、句子和

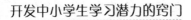

段落这些单位中，在词与词之间的相互关系中去寻找。

我们要想提高阅读能力，关键在于要能驾驭更大的定形。

（2）可以在视角上下工夫。视野单位的大小与阅读视角是有密切联系的。我们阅读文章时，在视区内的文字只能认清主视区的文字，次视区的文字，则处于模糊状态。主视区的视、记、理解是三位一体的，次视区的文字在眼停后又开始眼动时才有机会来扫描。待完成上一次眼动，开始下一次眼动时，原视区的视、记、理解大致完成了。在新的视区里，又重复上个视区的一系列动作，如此周而复始地进行阅读。因此，视角越大，视区就越大，视野单位就可能越大，识记的范围就会不断增加，这样，就为一目十行打下了基础。

阅读时，还应注意主视区应放在阅读材料中信息量大的部分。据分析，有的阅读材料信息量大的在前部，有的在中部，有的在尾部。统计证明，在一个阅读材料中，信息量在首、中、尾三个部分的分布趋势是趋于平衡的。所以，不论主视区放在哪里都可以，放在首部更利于阅读。

（3）要加快阅读视线的移动。进行线式阅读时，人的眼睛处于两种状态的转换，即"眼停"状态和"眼动"状态的转换。由于"眼停"时所抓住的文字材料的多少，就是视野单位的大小，所以在一定时间内，视线移动得越快，阅读的字数就越多。

加快视线移动的方法，主要是增加眼的活动能力，增加眼睛的抓字能力。这样就可以大大增强大脑皮层视觉神经的兴奋，还可以抑制潜在的语音活动，使下意识的语音活动逐渐被排除。逐步做到在阅读的时候，不需要经过视神经把全面文字信息转换为有声语言的信息，然后再把语言信息通过听神经传给大脑的复杂过程，而是由视神经直接把文字信息传达给大脑，直接对信息进行理解。

具体的训练可以有下面三种方式：

①运用计时阅读法进行练习。每次练习都记下所读的字数和花费的时间，计算阅读速度，检查阅读效率。

②运用退缩阅读法进行练习。每篇文章读 6 遍，逐渐减少阅读时间，训练"眼脑直映"。

③利用闪示法进行练习。从词、词组开始，以此类推，11 个字、12 个字……直到 24 个字，当视区扩大到 24 个字时，基本上可以一目看一行文字了。

5. 板块阅读法

板块阅读法，是指把一个词组、一个句子、一段文字、一页文字，甚至一个章节视为一个小整体——板块，在阅读时，把这个小整体"板块"作为视读单位，有意识地略过不必要阅读部分的一种快速阅读法。自古以来，运用板块阅读法的大有人在。《后汉书》赞张衡"一览便知"，传说他骑马看道旁的碑文，马不停蹄，便能记下来。《梁书》称简文帝"读书十行俱下"。《北齐书》赞王孝渝"读书敏速，十行俱下"。

世上人们读书的速度和效率的差异是惊人的。同样是一本十几万字的书，有的人一夜之间就把它看完了，并且能提纲挈领地掌握其主要内容、中心思想，对某些特别精彩的章节还能背诵出来，而有的人读了三五天，甚至十天半个月也没看完。按道理后

者花的时间多，学到的知识也应该多而牢，其实不然，慢腾腾看书的人，不一定都能读深学透。有人曾对大学生做过实验调查，发现那些迫切想知道书中内容的读者，比起那些从容不迫、按部就班的读者来，对书的内容理解得更深，记得更牢。

阅读，是人们的眼睛和大脑对文学材料的感知和接受，其过程不仅表现在眼球的移动，而且涉及知觉的广度。阅读时，人的眼球并非连续不断地移动，而是忽动忽停地跳动。辨认文字不是在眼动时，而是在眼球不动的瞬间，这瞬间叫"眼停"。每次眼停所注视的对象叫视读单位。眼球是按眼停—扫描—眼停的方式连续不断地运动的。

我们所说的"一目"，其实就是一次"眼停"，所谈的"十行"，即"板块"就是一个较大的视读单位。阅读能力不同的人，视读单位也不同。此外，阅读时眼球不仅做向前的"正移动"，有时因意义不明或未看清楚还得做向后的"负移动"。显然，"负移动"的次数越多，读书的速度就越慢。可见，速读的关键和奥妙就在于眼停时抓住的字数多，扫描的次数少，"负移动"的频率低。反之，速度就慢，效率就低。

在阅读的过程中，视觉和思维并非同步并行的。视觉接收文字信号的速度远远低于思维速度，即大脑往往是跑在眼球的前面，它在阅读过程中总是以概念为单位展开，眼睛只要看到一个词或一个句子里的几个关键词，大脑便能迅速而准确地判断并辨别出词和句子的含义。这是因为每个读者的脑中总是储存着一定的有关词、词组、句子以及它们之间的逻辑关系的知识。这样看到前面一个字，就可预知下面一个字，见到上句，就可预知下句。当接受新事物时，许多相关的内容脑中已有印象无需再记的，或不甚重要的，就可以忽略跳跃过去。

于是，我们得出这样的结论：掌握板块阅读法的关键是必须加大视觉捕获的信息容量，使阅读与思维同步，减少大脑的"空转"。而加大视觉捕获的信息容量，即扩大视觉范围，将"板块"作为视读单位的关键是要学会从一个词组中抓住中心词，从一句话中抓住关键词，从一个段落中抓住段意，从一篇文章中抓住标题与中心，从一本书中抓住提要与目录。这样就可忽略相对不重要的部分，扩大"板块"容量。

要运用板块阅读法，需要高度集中注意力。

注意力是外界信息进入大脑的"大门"，精神集中的程度和控制注意力的能力是快速阅读的标志。列宁的读书速度为什么那样快？他的夫人克鲁普斯卡娅揭开了谜底。她说："当他阅读时，精神非常集中，所以阅读很快。"善于排除一切来自外界和内心的干扰，聚精会神地读书，是快速阅读的先决条件。注意力不集中，很难成功地运用板块阅读法。

要运用板块阅读法，需要因人而异，灵活掌握。

每个人的文化水准不同，理解、接受、记忆的能力也不尽相同。基础好的，知识面广的人，可以扩大"板块"的容量，加快阅读速度。反之，就要缩小"板块"的容量，放慢阅读速度，特别是使用板块阅读法的人，更应该有一个从少到多，由慢到快的循序渐进的过程。

要运用板块阅读法，需要因目的而异，决定取舍。提高阅读速度，是为了捕捉更多有效的信息，哪些知识信息应该捕捉，哪些知识信息可以忽略，这完全取决于阅读者的目的和需求。

要运用板块阅读法，必须提倡视读、默读，不宜口读，更不要大声朗读。

特别是学习外语，用视读的效果最佳。有人曾分别用视读、默读和朗读方法快速阅读一篇外语短文，结果所用时间依次是40秒、60秒、80秒。心理学实验材料证明，阅书的速度比读书的速度快10~100倍。

板块阅读法节约的是时间，追求的是效率。所以，运用板块阅读法要注意质和量的统一，千万不要图表面上的虚假数量，尽可能做到好中求快，快中求好。

第六章　开发你的思维潜力

　　创新思维，是指对事物间的联系进行前所未有的思考，从而创造出新事物的思维方法。创新思维是一种机动灵活的、独具创造的、非传统的、十分有价值的解决问题的思维能力。正是基于物质科学、生命科学和思维科学等的突破性进展，人类才创造了超过以往任何一个时代的科学成就和物质财富。因此，开发你的思维潜力，掌握创新思维的方法与技巧，对你学习潜力的开发尤为重要。

第一节　学会创新思维

　　英国人口仅占世界的1%，发表的科研论文却占世界的8%，引用率占到9%，仅一个剑桥大学，就培养出了60多位诺贝尔奖获得者。究其原因，是英国的教育特别注重给学生一把思考的钥匙。

　　他们要求学生在学到知识的同时还要学会思考。他们要求学生提高独立思考能力，能够开放性地思考并做出一个以上的可能的结论和解释，寻找出适当的解决方法并能做出决策，能够理解并熟练运用批判式评估的程序等等。

　　他们要求学生在适应生活的同时还要开放思维。知识教育本

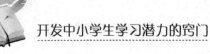

质上是一种性格训练。教育的目标在于使人适应生活、适应世界，而不是适应大学。书本知识是学不完的，而现实生活中的问题却是层出不穷的，没有确定答案的，缺少很多相关信息的。

学生毕业之后无论从事什么工作，都需要面对从来没有见过的资料做出判断和结论，并且要亲自去寻找所需要的数据。只有学会了独立地、自信地学习和思考，将来才可能适应社会。

英国教育体制在几百年间发生了很多变化，但是，英国高等教育最大的特色是强调教育的实践性，注重训练学生的思考能力，而批判性地思辨能力、多学科知识的交叉能力始终没有变。正因为如此，英国教育才成为创造性人才的最好摇篮。

任何一项创新活动，都是一种探索性活动，表现为对客观事物本质的认识，对客观事物发展变化规律的揭示。它需要走前人没有走过的路，做前人没有做过的事，提出前人没有提出过的想法和见解。如果我们永远按照惯常的思维去思考，得到的也将永远是惯常的东西。

据说，美国普林斯顿大学数学系毕业生阿普顿，曾经和年轻的发明家爱迪生一起工作。有一天，爱迪生让阿普顿算一下一只灯泡的容积。阿普顿拿过灯泡看了又看，用尺子量了又量，算式、数字、符号写了一大堆，还将这个梨形灯泡的草图画了下来。

一个多小时过去了，还没能算出结果。爱迪生走过来拿过灯泡并放在容器里，并往里面倒满了水，然后递给阿普顿说："把这些水倒进量杯吧！"阿普顿很快明白，这是个既简单又准确的方法。爱迪生之所以能够成为伟大的发明家，是因为他能够不断地突破思维定式的束缚，以独特的创新性思维去思考问题。

创新思维是一个人的重要品质。创新思维可以让我们的思想具有流畅性、变通性、求异性与独创性。每当新的问题出现，我们就会敏锐地观察、丰富地想象，大胆地求异、积极地提问：能以多少种方式看待这个问题？有多少种解决的方法？我们会以所思考的问题为出发点，让思维像花园里旋转的喷头一样上下左右、四面八方做立体思考，提出种种解决问题的方法，然后再挑选出最新颖、最具独特性的解决方法。比如：在语文学习中，创新思维可以让我们展开想象的翅膀，"思接千载，视通万里"；在数理化的学习中，创新思维可以让我们克服思维定式的消极影响，让思维多向发散，四处探索，举一反三，触类旁通，做到一题多解、一题多变、一通百通。

按照不同的划分标准，创新思维可以分为不同的思维形式。

常见的有发散思维、形象思维、灵感思维、直觉思维、逻辑思维等。这些思维形式各有特点，彼此配合，各自发挥不同的作用。

在创新思维过程中，发散思维主要用于解决思维的目标指向，起引导作用；形象思维、灵感思维、直觉思维、逻辑思维作为基本的思维形式，构成创新思维的主体。

培养创新思维，需要我们具有宽厚的知识结构、热情求异的欲望，具有揭示事物本质和固有规律的浓厚兴趣，具有敢于挑战权威的批判精神和不达目的决不罢休的执著追求。

学会创新思维，要从灵活运用发散思维、形象思维、灵感思维、直觉思维等思维的基本形式入手。

第二节　形象思维法

　　形象思维，是选取并凭借种种具体的感性材料，通过想象、联想和幻想，并伴随着强烈的感情和鲜明的态度，运用集中概括的方法，塑造完整而富有意义的形象的一种思维方法。形象思维遵循认识的一般规律，即通过实践，由感性阶段发展到理性阶段，达到对事物本质的认识。形象思维一般不脱离具体的形象，要舍弃那些纯粹偶然的、次要的、表面的东西。形象思维最主要的特征，是通过类比、联想、想象等形式，形象地反映客观事物的内在本质或规律，整个思维过程中始终不脱离具体的感性形象。其主要形式有：想象思维、联想思维、类比思维。

1. 想象思维法

　　想象思维，是对头脑中已有的感性形象进行加工、改造、重新组合，创造出新形象的一种思维方式。想象思维具有直观性、新颖性、创造性和高度概括性等特征。想象思维在创新思维的各个领域，有着极大作用。

　　爱因斯坦是一位颇具丰富想象力的科学家，他创立相对论的一系列著名理论实验，就是在想象思维中完成的。在建立狭义相对论时，爱因斯坦做了一个想象实验。他设想，两道闪电同时击向一条东西向的铁路轨道，对于站在两道闪电中间的铁道旁的一个观察者来说，这两道闪电是同时发生的。

　　但是，对于乘坐在一列由东向西高速运行的火车上，而且火车正好经过第一个观察者对面的第二个观察者来说，这两道闪电是西方先亮，东方后亮。如果火车以光速前进，火车上的观察者永远看不到东方的闪电，因为那道光永远不会追上他。在建立广义相对论时，爱因斯坦又想象着：一个人坐在一个不变力作用下的升降机里，垂直向上运动，有一束光垂直穿过升降机一个侧面的窗口，射在对壁上，当升降机以极高的速度上升时，光线一定下偏。爱因斯坦根据光具有质量以及惯性质量和引力质量等效的事实，断定光在引力场中，会由于引力作用而弯曲，如同以光速水平抛出的物体的运动轨迹会因引力而弯曲一样。

这栩栩如生的想象，使人如同亲临其境，看到了高速运行的火车、耀眼的闪电和铁道旁的观察者；看到了直冲云霄的升降机和一束光亮射过窗口，然后向下倾斜。

随身听的发明，也是想象思维的杰作。

青年人大都酷爱音乐，但在随身听发明以前，他们只能在室内听，一旦离开了房屋、走下了汽车，音乐就会离他们而去。日本索尼公司董事长盛田昭夫想象着：如果我们开发出这样一种产品，人们只要戴上轻巧的耳机，随时随地便可以听到音乐，那该多好。他把这一设想在公司产品设计委员会上提了出来，人们认为他简直在异想天开，这是根本不可能的事。

盛田昭夫说服了委员会成员接受了他的提案，进行产品试制。产品试制成功了，异想天开变成了鲜活的现实。第一批随身听生产了3万台，一上市立即引起了年轻人的抢购，销售量势如破竹，成为索尼获利的最佳产品。

想象思维，可以创造出自己从不知道的事物，也可以创造出

世界上根本就不存在的事物。

法国著名作家儒勒·凡尔纳，一生写了80多部科幻小说和探险小说。书中写的霓虹灯、坦克、潜水艇、直升机、导弹、电视……在当时并不存在，但是到了20世纪，这些事物都成为了现实。他在无线电尚未发明之前，已想到了电视；在离莱特兄弟制成第一架飞机还有半个世纪的时候，竟描绘出了直升机和飞机，甚至在《月亮旅行记》中讲述了可以坐炮弹到月球去宇航的壮举。据说，俄国的"航空之父"齐奥尔科夫斯基、美国火箭先驱罗伯特、戈达德等，都受过凡尔纳科学幻想小说的启示。

1979年诺诺拜耳物理学奖获得者格拉肖指出："涉猎多方面的学问可以开阔思想，像抽时间读读小说，逛逛动物园都有好处，可以帮助提高想象力，这同理解力和记忆力一样重要。假如你从来没有见过大象，你能想象出这种奇形怪状的东西吗？我这样讲，有的人听起来可能会感到奇怪。但是在我们研究物理问题的时候，往往会用到现实世界的各种形式。对世界或人类社会的事物形象掌握得越多，越有助于抽象思维。"

想象思维，可以通过多种途径培养。

音乐欣赏，是培养想象力的重要途径之一。

音乐以其扣人心弦的旋律，潜移默化的方式，作用于人的情感，让人在无穷无尽的想象中，陶冶着情感、净化着心灵，感受美的创造力。许多科学家、政治家，如爱因斯坦、希思、李四光、华罗庚、钱学森等，都十分喜爱音乐。

从绘画、雕塑等艺术作品的鉴赏中，也可以培养想象思维能力。

鉴赏雕塑"断臂的维纳斯"，从他那卓越的雕刻技巧、完善的艺术形象、高度的诗意中，我们可感受到作品一种强大的内在的精神美、一种震撼人心的人格魅力。从女神那丰腴饱满的体态和端庄大方的容貌，让人想象到青春的健美、生命的活力，感受到她的单纯、恬静、典雅、庄重的教养与美德。尽管女神双臂残失，不但没有减少她的美感，反而给人以更多丰富的艺术想象。

在现实生活中，许多认为不可能做的事，常常不是由于缺乏力量和金钱，而是缺乏丰富的想象和创新的观念，如果我们展开想象的翅膀，便可以从中找到新的途径，得到新的收获。

2. 联想思维法

联想思维，是指在思考某一问题时，大脑立即对存储的各种信息进行编码加工，由此及彼，由表及里地找出事物之间的相似、相关点，从而获取新的设想的一种思维方式。

英国生理学家贝弗里奇在《科学研究的艺术》一书中说："独创性常常在于发现两个或两个以上研究对象或设想之间的联系和相似之处，而原来以为这些对象或设想同彼此没有任何关系。"

创造性天才一个主要特点，就是他们具有从不相似物体中产生一系列联想和联系的能力。

瓦特，并不是注意到蒸气从水壶中冒出水汽的第一人，但他却是第一个把蒸气和运输联系起来的人；我国的鲁班，并不是被锯齿草划破手指的第一人，但他却是第一个把锯齿草与锯子联系起来的人；乔治·德·马斯特罗不是注意苍耳籽粘到衣服上的第一人，但他却是第一个把苍耳籽与生活联系起来的人，并由此发明了搭扣；3M 公司的阿瑟·弗莱尔将书签与专用广告设计用的胶棒联系起来，发明了即时贴。

联想思维可以克服两个概念在意义上的差距，从中发现某些事物的相同因素或联系，揭示出事物的本质，从而获得新的发明与发现。

美国研究人员经观察发现：啄木鸟在树上啄食，每天头骨都会受到很大的冲击力，但它从不头晕，原来，啄木鸟的头盖骨呈现密集的海绵结构，它们细长的脑部是被能缓和冲击力的肌肉和液体所包裹着。他们由此联想到利用啄木鸟的头盖骨当模型，将过去用硬壳做的、里面用种种方式安置了空气层的头盔，改为了更轻便、更坚固、更服帖的海绵头盔，从而设计出了可供赛车手、摩托车手和橄榄球运动员使用的头盔。

普希金对联想思维十分崇尚，他说："我们说的机智，不是深得评论家们青睐的小聪明，而是那种使概念相近，并且从中引出正确新结论的能力。"

联想思维让科学家们不仅在已知领域内建立联系，而且让他们从已知领域出发，向未知领域延伸，获得新的发现和创造。

人们知道瓦特是举世公认的蒸汽机发明家，他改进、发明的蒸汽机，导致了第一次工业技术革命的兴起，极大地推进了社会生产力的发展。但却很少有人知道，他发明的带有齿轮和拉杆的机械联动装置，使蒸汽机成为能够带动一切工作机的真正的动力机，也是联想思维的杰作。

　　在试制带有分离冷凝器的蒸汽机样机之后，瓦特看出热效率低已经不是蒸汽机的主要弊病，而活塞只能做往返直线运动，不能作为真正的动力机来带动其他工作机，这才是它的根本局限。但在这方面的研究，他却一直无法取得实质性进展。

　　有一天，他在圆月学社里，听会员们谈论天文学家赫舍尔发现天王星，行星围绕太阳做圆周运动的话题，不由联想到：如果把活塞往返的直线运动，变为旋转的圆周运动，不就可以使动力传给任何工作机了吗？由此他研制出了一套被称为"太阳和行星"的齿轮联动装置，把活塞往返的直线运动，转变为齿轮的旋转运动。

　　瓦特由联想而作出的这项重大技术革新，使蒸汽机真正成为了能够带动一切工作机的动力机。

　　科学家们从响尾蛇的眼睛与鼻子之间颊窝功能引发联想，发明了红外跟踪响尾蛇导弹。

　　生物学家知道，响尾蛇的视力很差，几十厘米近的东西都看不清，但是在黑夜里却能准确地捕获十多米远的田鼠，其秘密就在于它的眼睛和鼻子之间的颊窝。这个部位是响尾蛇的"红外感受器"，它能感受到远处动物在活动时产生的热量所发出的微量红外线，从而实现"热定位"。美国导弹专家由此联想，如果用电子器件制造出"电子红外感受器"，和响尾蛇的生物红外感受器一样，那么，不就可以接收飞机飞行中因发动机运转发热而辐射的红外线，实现对目标的自动跟踪了吗？红外跟踪响尾蛇导弹，就这样被设计出来了。

　　一旦我们形成联想思维的习惯，便会收到举一反三、触类旁

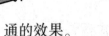
通的效果。

流线型的可口可乐瓶子的创意，便是喜爱联想思维的罗特的意外收获。

罗特是美国一家玻璃厂的工人，十分喜爱设计瓶子。这天，女朋友到他家玩，身穿连衣裙的她，展现出动感的流线型身体，令他眼睛一亮。他不由细细打量起来：挺括的肩部，紧缩的腰身，溜圆宽阔的臀部，弧线内缩的大腿，真让人赏心悦目。由女朋友身着连衣裙的形体，罗特很自然地联想到了瓶子设计。他想，如果把瓶子也设计成这种流线体，一定也很美。经过反复设计、反复修改，这种具有形体美的瓶子试制出来了，并申请了专利。这个样品很快被可口可乐公司看中，并用600万美元买走了他的瓶子设计专利。

3. 类比思维法

类比思维是根据两个或两类事物对象在一系列属性上的相同或相似，推出它们的其他属性也可能相同或相似的一种思维方式。

荷兰物理学家惠更斯曾运用类比思维的方式，提出了光波的概念。光和声这两类现象具有一系列相同的性质：直线传播，有反射、折射和干扰的现象。而声有波动性质，惠更斯由此推出结论："光可能有波动性质"。

在类比思维中，科学家们研发出治病的新药。

德国细菌学家柯赫用染料渗入菌体，做给菌体染上颜色的实验。实验发现，有些染料在发生作用时，具有选择性，它们能够使有机组织的某些部分染上颜色，而不能使其他部分染上颜色。

德国细菌学家埃利希，由此进行类比思维，他想，既然有机染料对生物组织具有选择，能被某些有机体的细菌细胞所吸收，而不被其他细胞所吸收，那么，如果把这种染料与那种能使病菌致死的基因结合，不就可以研制出一种只杀死病菌而不会损伤人体细胞组织的特殊药物了吗？依照这种类比设想，埃希利选取了繁殖力强、在显微镜下容易发现的锥虫作为实验研究对象，结果发现有一种能够控制锥虫活性的红色染料，并将它取名为"锥红虫"。实验表明，在人的血液中注入一定量的"锥红虫"，便能杀死锥虫而不伤害人体。

在科学技术领域，有许多创造发明是在类比推理的启发下而获得成功的。

比如，在医学上，医生"叩诊"的诊断方式，便是通过类比推理的运用而创立的。

18 世纪中叶，维也纳有一位医生在给一个病人看病时，当时并没检查出什么毛病，可病人很快就死了。经尸体解剖，发现患者胸腔里有大量脓水。他想，用什么方法可以事先检查出病人的胸腔里是不是有积水呢？回忆起儿时开酒店的父亲，经常弯着手指关节敲打盛酒的木桶，从声音里便可以判断酒桶里还有多少酒。他想，胸腔里有积水也像木桶里装有酒一样，有没有积水、积水多少不也可以用"叩诊"来诊断吗？经多年摸索与总结，他终于创造出了用"叩诊"诊断胸腔疾病的新方法。

类比思维，可以让我们在研究资料较少的情况下，通过把陌生对象和熟悉对象类比，把未知东西同已知东西类比，找到创新

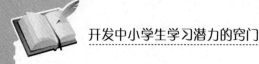

的捷径。

比如，科学家们利用光谱分析，发现在太阳上有氦这种化学元素存在，而太阳上的其他化学元素，如氧、氮、硫、磷、钾等，地球上也都有，那么，地球上是不是也有氦呢？于是他们以此类推，认为地球上也可能有氦存在。后来，英国化学家雷姆塞果然在地球上找到了氦这种化学元素。

德国地球物理学家魏格纳，在类比思维的启迪下，提出了"大陆漂移"说。

19 世纪以前，人们尚未开始系统地研究地球整体的地质构造，对海洋与大陆是否变动，并没有形成固定的认识。1910 年，魏格纳在偶然翻阅世界地图时，发现一个奇特现象：大西洋的两岸——欧洲和非洲的西海岸遥对北南美洲的东海岸，轮廓非常相似，这边大陆的凸出部分正好能和另一边大陆的凹进部分凑合起来。如果从地图上把这两块大陆剪下来，再拼在一起，就能拼凑成一个大致上吻合的整体。把南美洲跟非洲的轮廓比较一下，更可以清楚地看出这一点：远远深入大西洋南部的巴西的凸出部分，正好可以嵌入非洲西海岸几内亚湾的凹进部分。

魏格纳结合他的考察经历，认为这绝非偶然的巧合，他大胆假设到：在距今 3 亿年前，地球上所有的大陆和岛屿都连接在一块，构成一个庞大的原始大陆，叫做泛大陆。泛大陆被一个更加辽阔的原始大洋所包围。后来从大约距今 2 亿年时，泛大陆先后在多处出现裂缝。每一裂缝的两侧，向相反的方向移动。裂缝不断扩大，海水不断侵入，就产生了新的海洋。相反，原始大洋则逐渐缩小。分裂开的陆块各自漂移到现在的位置，形成了今天人们熟悉的陆地分布状态。1912 年，魏格纳在法兰克福地质学会上，提出了"大陆漂移"的假说，1915 年，他出版了《海陆的起源》一书，系统地阐述了"大陆漂移"说。

"大陆漂移"说，比较圆满地解释了大西洋两岸的轮廓、地形、地质构造、古生物群落的相似性，以及南半球各大陆古代后期冰碛层的分布等一系列问题。

1968 年，法国地质学家勒比雄，在前人研究的基础上，又提出了 6 大板块主张，很好地解决了魏格纳生前一直没有解决的漂移动力问题，使地质学在一个新的高度上获得了全面的综合。

随着板块运动被确立为地球地质运动的基本形式，地学进入了一个新的发展阶段。到了 20 世纪 80 年代，从"大陆漂移"说的提出到板块学说的确立，构成了一次名副其实的现代地学领域的伟大革命。

第三节　发散思维法

发散思维，是以一个目标为中心，让思维不依常规、不拘一格地向四面扩散，沿着不同的方向、不同的角度，寻找解决问题的答案的思维方法。

培养发散思维，我们可以在正向求反、同中求异、多向辐射的思维过程中，突破思维定式，变单向思维为多向思维，从而提高思维的流畅性、灵活性与独创性。发散思维的基本形式有：逆向思维、侧向思维、求异思维、"两面神"思维、多向思维等。

1. 逆向思维法

逆向思维，是摆脱习惯思维定式、将思路改变到与原来相反方向的一种思维方式。即"倒过来思一思"、"反过来想一想"。

丹麦物理学家玻尔认为，如果你可以正反思想并存，你的思想和你的认识就暂停并被提高到一个新的水平。思想的暂停使超出思想的聪慧发生作用并产生新的形式。相反事物在头脑中的盘桓产生了头脑中自由冒出新观点的条件。

逆向思维广泛存在于许多天才人物身上。

举世闻名的美国电学家和发明家爱迪生，从"声音引起振动"的现象中作颠倒思考，设法将"振动还原为声音"，而发明了世界上第一台留声机。

英国物理学家法拉第，从电生磁的现象中作反向思考，认为磁反过来可产生电。在逆向思维的指引下，经过多年艰苦探索，他发现了电磁感应现象，制造出世界上第一台发电机，为人类进入电气化时代开辟了道路。

英国物理学家瑞利，在测量氮气密度时，分别采用哈考特法和雷尼奥法，结果得出的氮气密度相差千分之一。这么小的差别有何意义呢？一般人可能对此漫不经心。但瑞利认为这个差别超出了实验误差的范围。于是他采用逆向思维法，不是减少差值，而是扩大差值去探索其中原因。经过不懈努力，终于发现了氩原子，他也由此而获得1904年诺贝尔物理奖。

比尔·盖茨以其独到的逆向思维，在大型计算机和巨型计算机领导计算机世界发展潮流的时候，看到了体积小、价格低的个人电脑发展的光辉前景，于是当机立断进入这一领域，并成为这一领域的领军人物，以致引发了一场计算机领域里的深刻革命，改变了整个人类社会的生活方式、工作方式和思维方式。

比尔·盖茨在哈佛大学上二年级时，有一天，他在"大众电子学"杂志上看到了第一台个人电脑的照片，他马上意识到，这种个人电脑，体积小、价格低，一定可以进入家庭，甚至人手一台。他决心要抓住这一千载难逢的发展机遇。

他先是为该公司个人电脑编写解释程序，然后，果敢地从哈佛大学退学，与好友艾伦一起创办了微软公司。

但在比尔·盖茨产生开发个人电脑想法的时候，统治计算机王国的是 IBM 公司，他们认为，微型计算机只不过是小玩意而已，不能登大雅之堂，只能供玩玩游戏，做点简单应用，领导计算机发展潮流的，只能靠大型机和巨型机。甚至有的权威人物还认为，全世界只要有 5 台计算机就足够用了。比尔·盖茨以其独到的逆向思维，直面权威挑战，从而获得了事业上的辉煌成就。

我国这种富于逆向思维的天才人物，也比比皆是。

我国北宋史学家司马光，儿时以逆向思维智救落水儿童。看到小伙伴跌落大水缸中，在场的小朋友都以惯常思维，想着如何把小孩从水中拉出来，结果皆因人小力弱水缸大，而无法实现；司马光则举起大石头，破缸流水，小孩不拉而获救。

战国时期军事家孙膑，以逆向思维智胜庞涓。魏王想出题考庞涓与孙膑的才智，说："谁让他从座位上走下来，谁就是胜者。"庞涓当即说："外敌入侵，大军压境，大王必须御驾亲征。"魏王不信其说，庞涓没能成功；孙膑说："我虽然不能请大

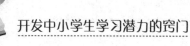

王从座位上走下来，却能让大王从下面走回座位去。"魏王一听信以为真，于是痛痛快快地从座位上走了下来。孙膑只是将问题这么前后一颠倒，轻而易举地就达到了目的；而庞涓沿用惯常的思维方式，因而没能奏效。

青年速算家史丰收，以其逆向思维创造了速算法。用常规方法计算乘法，总是从低位算向高位。而他却反其道而行之，从高位算到低位，并略去了中间过程，一次获得答案，从而大大提高了计算速度。

客观事物之间总是相互联系、相互影响、相互制约、相互作用，并在一定条件下相互转化的。在日常工作、学习、生活中，如果我们运用逆向思维，将条件颠倒、方式颠倒、过程颠倒、位置颠倒、结果颠倒、观点颠倒等，便可以从中获取对事物的新认识、新视角、新方法、新设想、新创意和解决问题的新见解。

生物工程师利用逆向思维法，改变西红柿生长基因，让西红柿冬天成熟。

生物工程师试图让西红柿在寒冷的冬天里成熟上市。但如何才能减缓西红柿的生长过程呢？他们知道，是西红柿中的基因使西红柿成熟的。在逆向思维的引导下，他们复制了这种催熟西红柿成熟的基因，再把这种基因顺序反过来，便减缓了西红柿的成熟过程，使温室大棚里种植的西红柿在冬天里成熟上市成为可能。

药商利用逆向思维法，改变药品生产工艺，完善药品性能。

据说在很多年前，药商为了让阿司匹林药片味道好一点，试图在药片表层涂上一层东西，但薄薄的涂层一抹上去，药片表面就凹凸不平，这个问题一直得不到解决。后来药商改变思维方式，将加上一层东西变为减去一点东西。这种逆向思维引导他们改进了药片制作工艺。他们把药片浸在液体中，然后传到一个旋转机中，利用离心力的作用，使液体和药片分离，这样药片便留下了一个外观均匀的涂层。

2. 侧向思维法

侧向思维法，是指在解决某一问题时，先解决与之相关的其他问题，随之这一问题便迎刃而解的一种思维方式。这种思维方式，便是人们常说的"左思右想"或"旁敲侧击"。

从乌鸦喝水的故事中，我们可以加深对侧向思维的理解。

一只乌鸦想喝水。它看到一只瓶子里装有水，但水深，瓶口小，自己的脑袋伸不进去。怎么办呢，聪明的乌鸦看到瓶子旁边堆放着许多小石子，于是它把石子一粒一粒地叼进瓶子里，让水位慢慢升高，于是便喝到了水。乌鸦的目的，是要解决喝水的问题，将石子叼入瓶子，似乎与喝水的事无关，但这样做升高了水位，喝水的矛盾自然而然地得到了解决，这就是侧向思维的妙处。

有位心理学家做过这样一个实验，把狗和鸡关在两堵短墙之间，在狗和鸡的前面用铁丝网隔开放了一盆饲料，鸡一看到饲料马上直冲过去，结果左冲右突就是吃不到食。狗先是蹲在那儿直勾勾地看着食物和铁丝网，又看看周围的墙，然后转身往后跑，绕过墙来到铁丝网的另一边，结果吃到了食物。我们人类在考虑某个问题时也有类似现象，有人总是死抱正面进攻的方法一味蛮干，丝毫不能解决问题，而有人则采用迂回战术，用意想不到的方法，轻而易举地获得成功。这就是侧向思维的作用。

在创新思维过程中，如果只是顺着某一思路思考，往往因找不到最佳感觉，而不能进入最好的创新状态，而侧向思维让我们可以从其他领域，或者从离得较远的事物中受到启示，从而产生新的设想，得到意外收获。

侧向思维与逆向思维的区别在于，逆向思维在许多场合表现为与他人的思维方向相反，但轨迹一致；而侧向思维不仅在方向上，而且在轨迹上也有所不同，偏重于另辟蹊径。

3. 求异思维法

求异思维，是一种不依常规，开阔思路，多方探求与众不同的解决问题可能性的思维方式。

一般来说，婚礼与望远镜之间并没有直接联系，但精明的商人在求异思维中看到了难得的商机，从中获取了丰厚的利润。

1981 年，英国王子查尔斯和王妃，在伦敦举办世纪婚典，耗资 10 亿英镑。商家们抓住这一赚钱的大好时机，有的在食品包装盒上印上王子和王妃的照片，有的在产品上设计、印制了纪念图案。唯有一家公司标新立异，推出了"观礼望远镜"。盛典之际，人山人海，正当后面的人们，因无法看到王妃新婚风采手足无措之时，一车车"观礼望远镜"出现了，人们蜂拥而上，很快抢购一空。

跳出习惯思维的框框，另觅解决问题的新路，这便是求异思维。

据说，有一位赴港参加经贸洽谈会的企业家，接到一个约他参观马桶的电话，十分不悦。心想，我又不是马桶商，干吗去参观马桶？可对方告诉他，那马桶全部用黄金珠宝铸造，十分豪华，已被列入吉尼斯世界纪录。企业家好奇心油然而生，决定看个究竟。走进香港一家著名的珠宝店，一眼就看到金碧辉煌的"黄金珠宝洗手间"，那文字介绍更是了不得：这个马桶采用宝石及珍珠共 6200 颗；黄金 380 千克；地面用纯金条、万年化石铺成，可保健康；座厕全自动冲洗及烘干；空气经过滤，永葆清新；总价值 3800 万港币，折合人民币 4180 万元。据说这个全世界最豪华的马桶，一年四季吸引了大量中外游客到此金店开开眼界。他们在满足好奇心的同时，不知不觉掏出钱包，购买店内的金银首饰和各种纪念品。

这位金店老板以马桶招徕顾客，可谓别出心裁。

在科学的发现与发明中，求异思维起着至关重要的作用。

诺贝尔物理学奖获得者朱棣文说："科学的最高目标是要不断地发现新的东西，因此，要想在科学上取得成功，最重要的一点就是要学会用与别人不同的方式、别人忽略的方式来思考问题。"

达·芬奇认为，要获得问题构成的有关知识，你得通过学习如何用不同的方法重新分析问题结构。他认为，看一个问题的首选方法，是朝着看问题的常规方法偏离的方向思考。达·芬奇认为，从一个观点看问题、分析问题，然后再换到另一个观点，接着再另一个观点，这样，你的理解每一次都会深入一些，渐渐地开始理解到问题的本质。

法拉第尽管十分坚信"磁能生电"，但开始做了几百次实验，均未能成功。经过冷静地分析、总结，他发现：自己一直是在用传统的求同思维做实验。认为电流总是沿着平直导线流动，所以实验中，总是将各种变化的磁场作用到平直导线上，去观察该导线上是不是有电流产生，结果总是失败。于是他调整思维方向，改用求异思维考虑：电流是否可以沿着任意方向流动？作为电流载体的导线，是否可以是任意形状呢？于是，他把导线弯成圆形，并做成螺线管形式，把永久磁铁插进去再拔出来，以改变磁通量，结果获得了成功。

日本神户大学的专家们，在求异思维法的启示下，开发出了检测土壤污染的新方法。

迄今为止，检测土壤里是否含有残留的农药等污染物，一直采用提取土壤样本做化验的方法。能否不用取土化验，只看花儿的颜色变化，就能判断土壤的污染程度呢？

专家们经研究发现，有一种经转基因技术改造的名叫美人樱的花，通常开淡粉色的花儿，但是，一旦土壤中产生了有害物质，它便开紫花。专家们从这种植物中找出能够对污染物发生反应的遗传基因，再把它与美人樱中提取的能产生紫色色素的遗传基因组合起来。这样，当土壤产生污染物时，这种遗传基因便发生反应，对组合在一起的色素基因产生作用，开出紫色的花儿。土壤污染越严重，花儿的紫色色素越深。在土壤无污染的情况下，遗传基因不起作用，花儿仍保持原有颜色。据此，专家们不仅能了解土壤是否受污染，而且还可以了解受污染的程度。

国际著名数学家，中国科学院院士冯康，运用求异思维法，创造了有限元方法，在计算数学领域作出了杰出贡献。

1957 年，冯康领导的科研小组，承担了计算一系列水坝建设中大型弹性力学问题的国家任务。在实际计算过程中，冯康发现，现有的计算方法难以满足工程应用的实际需求。他注意到：同一个物理问题，可以有多个数学表达形式，而这些数学形式在理论上是等价的。过去在求同思维的驱使下，计算数学家往往只研究已有的计算格式，或者从微分方程形式去构造一些新的差分格式。

如何创建和发展新的计算方法呢？冯康注意到被人们忽视的变分形式，并开始了椭圆形方程计算方法的系统研究。在大量计算经验的基础上，他通过系统的理论分析与总结提高，把变分原理与剖分逼近有机结合，以"分整为零，裁弯取直，以简驭繁，化难为易"的新思路，创造了一整套从变分原理出发求解椭圆形微分方程问题的数值方法，解决了我国大型水坝的应力分析问题，奠定了"有限元"的这一新的计算方法的数学理论。

4."两面神"思维法

"两面神"思维法，又称雅努斯思维法，它是由美国康涅狄格大学的精神病和行为科学教授卢森堡借喻罗马神话中的门神而命名的。

在罗马神话中，门神雅努斯的脑袋前后各有一副面孔，表情截然不同，一副看着过去，一副注视着未来，能从两个相反的方向观察事物，人称"两面神"。在古罗马钱币上铸造的一手拿着开门的钥匙、一手却拿着警卫长杖的神像，就是"两面神"雅努斯的尊容。

"两面神"雅努斯的形象启发我们在认识一个事物、一种现象、一种理论的时候，应把直接对立、相互排斥、相互矛盾的两个方面结合起来考察：既要看到肯定的一面，又要看到否定一面，既要看到它的长处，又要看到它的不足……从看似对立或相反的现象里，寻找到某种和谐与统一。很多科学家、发明家经常从两个不同的，或者是相反的角度去观察思考问题，由此有了惊人的发现和创造。

达尔文"物竞天择、适者生存"的著名论断，就放射出这种思维智慧的光芒。

达尔文看到马尔萨斯提出的观点："某一物种在有限空间里无限增长，将因某种内部竞争而最终灭亡"，头脑中马上出现了另外一种观点：某种内部的生存竞争，既能使生物机体灭亡，也能使生物机体趋向完善。其结果是，不能适应的被自然淘汰，而能适应的则生存下去。达尔文运用"两面神"思维法，把直接对立、相互排斥的两个方面结合起来进行考察，从而得出了"物竞天择、适者生存"的著名论断。

在日常生活中，如果我们有意识应用"两面神"思维法，积极地构想出两个甚至多个并存、或者对立的事物，把这些事物合并成一个事物，就很容易产生一些新的发明或发现。比如：正反两面都可穿的风衣、两用夹克衫、沙发床，都可以说是这一思维形式的杰作。

"两面神"思维方式具有很强的穿透力，它能洞悉事理深邃的内涵和相互联系及转化的规律，它能让我们跳出狭窄的思维定式，保持永不枯竭的创新思维的活力。

5. 多向思维法

多向思维，是从不同角度、不同方向、不同层次进行思考，从而获得解决问题的多种思路、多种方法、多种方案，以供选出最佳方案的一种思维方式。

英国剑桥大学教授爱德华·德·波诺博士，是英国剑桥大学思维基金会主席，长期任教于牛津大学、伦敦大学、哈佛大学和剑桥大学，教授思维方法。他是思维训练领域的国际权威，被誉为"创新思维之父"。他在世界上第一个把创新思维的研究建立在神经学、医学、心理学等跨学科基础上。他的"创新思维三部曲"，被作为创新思维训练体系的核心内容，被世界各大公司采用。

在《6 顶思考帽》中，波诺用 6 顶不同颜色的帽子，代表着不同类型的思维方式。了解 6 顶思考帽在思维过程中代表的不同含义，可以知道什么是多向思维。

白色是中立色，戴上白色思考帽，代表着客观事实与数据，具有处理信息的功能；红色是情感色，戴上红色思考帽，代表直觉和预感，具有形成观点的功能；黄色是乐观色，戴上黄色思考帽，代表着正面思想，具有识别事物积极因素的功能；黑色是阴沉色，戴上黑色思考帽，意味着警示与批判，具有发现事物消极因素的功能；绿色是草地色，戴上绿色思考帽，代表着创造性思考，具有创造性地解决问题的功能；蓝色是天空色，戴上蓝色思考帽，代表着思维过程的控制与组织，具有管理其他思考帽使用

的功能。

戴上6顶不同色彩的思考帽，就意味着你必须从6种不同的思维角度去看问题。戴上其中一顶，采用相应的思维方式去思考。如果换上另一顶，思维方式随之转换到另一顶帽子所代表的思维方式上去。据说，南非第一次大选时，爱德华·德·波诺曾被请去为选举委员会教授6顶思考帽的方法。大会开始后，他先让每个人戴上红帽子，各人各自坚持自己的价值观；然后，每个人戴上黑帽子，看看存在的危险；此后，又一起戴上黄帽子，探讨共同的利益……《6顶思考帽》以生动形象的形式为多向思维作了最好的诠释。

爱德华·德·波诺博士认为："我们传统的思维方法已经有数百年没有改变了。虽然它们可以非常有力地处理相对稳定的社会中的许多问题，但是这些传统的思维方法已经不足以应对当今社会的快速变化。"

在通常情况下，人们的思维方式是惯常的，是纵向的。这种思维方式常常因角色固定，缺乏建设性、计划性和创新性，不利于创造新的事物。加之在许多情况下人们思考问题时要顾及许多因素，往往影响做出最佳判断或正确选择。《6顶思考帽》设计了红、白、黄、黑、绿、蓝6顶不同颜色的思考帽，让人们不断转换角色从多种角度、多个侧面去思考同一问题，每一次只集中精力思考问题的一个方面。《6顶思考帽》，扮演了6种思维角色，几乎涵盖了思维的整个过程，通过不同角色的扮演，可以剔除思维杂念，避免主观片面。并且《6顶思考帽》让集体中的每一个人都充分参与思考，让各种不同的想法和观点和谐相处，从而既调动了个人积极性，又充分发挥集体智慧，使组织内部深层次的沟通成为可能。据说，西门子公司应用这种思维方式，使生产力增加了 50%。

在《6 双行动鞋》中，波诺巧妙地以 6 种不同颜色、不同形状、不同场合穿的鞋子作为形象代言人，将行动分解为 6 种不同的方式，对每一种情形下人们应采取的行动，给予专门指导，旨在帮助人们进行多向思维，把思想转化为行动。

其中，深蓝色海军鞋，代表惯例和正式的程序，穿上它就必须严格按规定的程序行动；灰色运动鞋，这种行为的目的就是收集信息，其行动方式与调查和搜集证据联系在一起；棕色工作鞋，意味着脚踏实地，采取主动性和灵活性，去做合理的事情；橘红色胶鞋，是消防队员和救生队员的工作鞋，橘红色行为方式，意味着危险和紧急情况下需要采取紧急应对措施；粉红色睡鞋，意味着温暖和温柔，家庭和舒适，代表对他人表示同情和关爱的行为；骑手穿着紫色马靴，在马背上指挥马做各种表演动作，因此紫色马靴行为方式意味着扮演某种权力赋予的角色，向他人发号施令。

《6 双行动鞋》将行动分解为遵循惯例、快速反应、敏感回应、排除障碍、获取信息和掌管事物 6 种不同的行动方式，让人们根据不同情况，采取不同行动，更准确地把握时机，理性而有效地采取行动。

在《横向思维》中，波诺要求人们在一段时间内都朝着一个方向看，然后在下一段时间内再朝另一个方向看。横向思维代替对抗性思考，所有人的观点都变得十分重要。据说，横向思维作

为一种"激发组织成员智力潜能的思维管理工具"，在世界50多个国家的政界、企业界、教育界得到推广和应用。北京2008年奥运会组委会也邀请波诺为奥组委的几十位工作人员进行横向思维培训。

波诺以《6顶思考帽》、《6双行动鞋》、《横向思维》构成"创新思维三部曲"，将看不见、摸不着的思维形式，以形象生动的实物再现出来，本身就是大胆而新颖的创新表现。他将看不见、摸不着的思维轨迹，变为程序化、规范化、可以操作的具体行动，让人们可以亲眼目睹思维在发散过程中所产生的效能，这一大胆的思维创新，不得不让人为之称奇。

第四节　灵感思维法

灵感思维，是指在潜意识中酝酿成熟时突然与显意识沟通的一种人们没有意识到的对信息加工的思维活动。灵感思维具有突发性、瞬息性、独创性特征。灵感的出现经历了酝酿——顿悟——验证的系统过程，融合了主客观条件。

我国历史学家王国维先生的三句词句，可以形象地概括灵感到来的三层境界：

"昨夜西风凋碧树，独上高楼，望尽天涯路"可以概括灵感到来的第一层境界。灵感的光顾，有一个系统的发展过程，它需要对灵感有刻骨铭心的追求，需要站在更高的境界上进行深入的观察和思考，需要时时留心偶然的诱发因素。

"衣带渐宽终不悔，为伊消得人憔悴"可以概括灵感到来的第二层境界。灵感的发生，是一个"劳其筋骨"的渐进过程，需要你进行长期而艰苦的酝酿、追求、寻找、探索与知识积累。

"众里寻他千百度，蓦然回首，那人却在灯火阑珊处"可以概括灵感到来的第三层境界。当你苦苦酝酿、追求、寻找、思索了千遍万遍，并且达到了饱和的程度之后，一刹那间潜意识与显意识沟通。于是你突然顿悟，灵感在你出乎意料的情况下降临了。

灵感的酝酿，需要有锲而不舍、孜孜不倦的精神。

灵感看起来是偶然的顿悟，但其出现却经历了酝酿——顿悟——验证的系统过程，融合了主客观条件。其酝酿阶段持续的时间差别很大。有的要几天，有的要几星期、几个月，有的甚至需要几年。在这一时期，你有意识的努力可能一度中断，但无意识的大脑活动仍在继续。大脑潜在意识仍在你不知不觉中对收集的材料进行筛选、加工和重组。

灵感具有久思未决，不期而遇的顿悟特点。当一个久思未决的问题，在你的潜意识中一旦孕育成熟，潜意识与显意识便会瞬间接通，不期而遇。而这种顿悟的出现，没有规律可循。有时是在你疲倦之极，一度休息之后；有时是在你专注其他事情、完全忘神之时。

灵感还必须经历一个仔细琢磨、具体加工和验证的过程。灵感的验证过程，是通过对整个创造过程的反思，对思维结果的真伪进行科学的分析和鉴定，让创造成果建立在科学理论的基础之上，并物化为能被他人所理解和接受的形式。

激发灵感的方式，主要有搁置问题法和西托梦境法。

1. 搁置问题法

德国数学家拉普拉斯说："我常常注意到，把某个非常复杂的问题搁置几天不去想它，当我再捡起它重新考虑时，它竟显得极其容易。"

美国科学家布朗尼科夫斯基也说："问题的答案，往往是在你把注意力转移到别处之后才能偶然出现。"

众所周知的阿基米得定律，就是在问题被搁置后，在洗澡时得到解决的。

叙拉古的亥厄洛王叫金匠打造了一顶纯金的皇冠。皇冠制作好了，有人怀疑金匠在里面掺有白银，于是，亥厄洛王让著名的科学家阿基米得在不损坏皇冠的情况下给予鉴定。

接受了王命，阿基米得却怎么也想不出来好的办法。他知道：金与银的比重不同，同样重量的黄金与白银的体积也不相同。要想知道皇冠中是否含有白银，问题解决的关键，是测出皇冠的体积。但是，用什么办法才能测出结构复杂的皇冠体积呢？

感到极度疲倦的阿基米得，决定去洗个澡。他脱下衣服，刚躺进盛满水的澡盆，水马上溢出盆外。刹那间，他灵光闪现，茅塞顿开：不同体积的物体，放入水中，排出去的水的体积也必不相等。将皇冠置入水中，通过测量排出去的水的体积，不就可以算出皇冠的体积了吗。这一发现使得他欣喜若狂，冲出澡堂，直奔王宫。一边跑，一边大声地喊："我找到了！我找到了！"著名的阿基米得定律就在问题搁置后诞生了。

在创新活动中，一个亟待解决的问题，久攻不下，出现"山重水复疑无路"的情况，暂时将问题放一放，转入休息或做其他简单的工作，将紧张的大脑放松一会儿，让大脑与外界环境发生新的信息交流，已有的信息将会得到更好的重新组合，这时，往往由于某一诱发信息的输入，加速了信息加工的过程，便会导致灵感的闪现，将我们带入"柳暗花明又一村"的境地。

世界上第一个听诊器也是诞生于问题被搁置之后。

一百多年前，法国医生拉哀奈克一直想发明一种能诊断胸腔病症的器械，很长时间却想不出一个好办法。这一天，他领着小女儿去公园玩跷跷板，偶然间发现，他用手敲击跷跷板的一端，另一端把耳朵贴近跷跷板的人，便会清清楚楚地听到敲击声，他顿时感悟到听诊器的制作原理。于是急忙跑回家，用木头做了一只喇叭形的器械。他试着把小的一头塞入自己的耳孔，大的一头贴在别人的胸前，别人内脏器官活动的声音马上听到了。这真是"踏破铁鞋无觅处，得来全不费工夫。"

搁置问题，是激活潜在思维的一种方法。

一个人的潜意识永不停歇。你思考一个问题投入的努力越大，通过系统记录放入你潜意识中的信息便会越多。当你决定放弃一个问题时，但你的潜意识仍在不停地工作，各种存放在你潜意识中的信息仍在上万次地碰撞、结合、重组。偶然间，一个问题被潜意识重组成功，他便以顿悟的形式传输到你的意识之中。因此，通过搁置问题，你便可以将视线和思维暂时转移，在其他事物的启迪下，进而找到研究事物的切入点。

双壳体潜艇的诞生，同样出自于问题搁置之后。

19世纪末，美国青年莱克研制潜水艇，但有两大问题一直无

法解决。一是怎样使船不用另外加压，便可以自己潜入水中；一是船在水中，怎样才能保持平稳。

一天，他与朋友在海滩野餐。餐后，他们比赛投掷空酒瓶。一只只空酒瓶掷到大海里，咕咕几声，都沉入了海底，可是有一只酒瓶却在水面飘荡着，一直不肯沉下去。这是什么原因呢？好奇的莱克跳下大海，取回瓶子，原来这个瓶子里的酒还剩有半瓶多。莱克从这只上轻下重的酒瓶中受到启发，经过反复改进，双壳体潜艇就诞生了。

2. 西托梦境法

据说，当一个人进入似睡非睡状态时，脑电波每秒钟振动次数为 $4\sim8$ 次，脑电图显示出一系列长长的西托波，科学家称之为"西托"现象。这时，人在昏睡中带着清醒，清醒中夹杂着昏睡，这正是显意识与潜意识交融相互信息之时，而此时的潜意识尤为活跃。

思想的暂停，使思想之外的智慧发挥作用，从而产生新的思考。因此，在睡梦中发明、创造，解决科学研究、技术发明、文艺创作中的问题的事例屡见不鲜。

苯环结构的发现，就是德国化学家凯库勒富有传奇色彩的梦中之作。

1864 年冬的一个傍晚，德国有机化学家凯库勒由于长期研究苯环结构而疲惫不堪。他躺在安乐椅上休息，不知不觉地睡着了……朦胧中，好像看到 6 个碳原子和 6 个氢原子连在一起，形成了一条蛇，在空中旋转着、盘绕着、舞动着。突然，这条蛇一口咬住自己的尾巴，形成一个环形，不动了。凯库勒突然从睡梦中惊醒。然而，梦中看到咬住自己尾巴的那条环形蛇，仿佛仍在眼前微微晃动。这不就是苯分子的排列顺序吗？他急忙在纸上记下梦中所见到的环状结构。一个长期未能解决的苯分子结构式问题，竟然在睡梦中找到了答案。

在西托梦境之中出现的著名灵感很多。如日本的阿次郎梦见一个转动的大线圈，启发他用电磁感应手段，解决了棒球场照明设备对附近居民视听信号的干扰问题；中国的高歌在梦中被人开导，发现了保持喷气发动机燃烧稳定性的上限和下限，攻克了国际航空理论一大难关；美国赫威在研究缝纫机械化的过程中，梦见刽子手举起带鬼眼的长矛刺向自己的咽喉，一下惊醒，就此解决了针尖与针眼由两端集于一端的关键问题。

在西托梦境状态下的知识，由于某种东西的启发下，容易形成新的组合，出现灵感。但这种灵感具有突然产生、稍纵即逝的特点，要捕捉住灵感，必须及时记下思维的火花，然后再进行深入细致的研究。

美籍药物学家勒韦，在从事神经递质研究时，睡梦中出现过灵感的奇迹。当时，他在睡梦中发现了一种十分简单的实验方法，便匆忙地记下梦中的情形和出现的设想。可是第二天来到实验室，面对熟悉的实验仪器，却怎么也想不明白所记录内容是什么意思。第二天夜里，睡梦中又出现了昨夜梦中的情形，这次他赶忙用文字十分仔细地记录下来。第三天，他在实验里按梦中设想的实验，先刺激一只泡在盐水中的蛙心的迷走神经，使其停止了跳动。然后，又将第二只青蛙的蛙心放进去浸泡，由于迷走神

经受刺激以后，已使神经递质释放于盐水中，他惊喜地发现，第二只青蛙的蛙心也像第一只一样停止了跳动。由此，他发现神经冲动的化学传递，并获得了 1936 年的诺贝尔医学奖。

第五节　直觉思维法

所谓直觉思维，是指不经分析，便迅速对事物的性质做出直接判断或准确领悟的一种突发式思维方式。直觉思维具有整体把握、直观透视与空间整合、快速判断的特点。

从下面的小故事中，我们可以具体了解到什么是直觉思维。

梅里美是一名出色的特工，受上级委派潜入某使馆，任使馆高级官员格力高的秘书。一天，她接到上级命令，3 天之内必须拿到大使馆里的一份间谍名单。她知道名单就放在密码保险箱内，但保险箱密码只有老奸巨猾的格力高知道。3 天时间很快要过去了，她一筹莫展。

最后一天晚上，她只得铤而走险，试着用自己掌握的密码技术打开保险箱，可是她忙碌了一阵，还是徒劳。10 分钟后警卫会来巡查，怎么办？突然，她的目光落在墙上高挂的一部旧式挂钟上，指针分别指向一个数字，而指针却一直没有走动。凭直觉，她认定这就是保险箱的密码。于是她马上按指针指定的数字，打开了保险箱，拿到了名单。

紧急时刻，梅里美来不及作任何分析与思考，仅凭时钟指针指定的数字，便断定是保险箱的密码，正是直觉思维让梅里美以猜想、跳跃、压缩思维过程的方式，直接、迅速而准确地对问题做出了判断。

由此可以得知，直觉思维有三个明显特征：

一是整体把握。撇开事物的细枝末节，从整体、从全局去把握事物，是一种从大处着眼、总揽全局的思维。

二是直观透视与空间整合。直觉思维是对事物之间关系的整体把握，即直觉思维只考虑事物之间的关系。

三是快速判断。直觉思维要求在瞬间对空间结构关系作出判断，所以是一种快速的、跳跃的空间立体思维。

量子论的创始人普朗克认为，在科学研究中，"单有逻辑思维是不够的，甚至有特别大量和多方面的经验事实来帮助逻辑思维也还是不够的。唯一可能的办法是直接掌握问题或抓住某种适当的概念。这种智力上的跃进……可以构成一座桥，让我们通向新知……每一种假说都是想象力发挥作用的产物，而想象力又是通过直觉发挥作用的。"

日本有个叫小野的青年工人，发现丢在路旁的废纸团，下雨淋湿后会自动伸展开来，直觉告诉他，这里一定蕴含着某种发明的契机，由此钻研，他发明了一种新颖的"纸张型自动控制器"。小野凭借直觉，迅速抓住了思维的"闪光点"，就直接了解到事物的本质和规律。由此可见，在科学创造中，直觉思维常常与经验事实相距很远，找不到确定的逻辑关系，产生的只是直觉形象。

直觉思维与灵感思维既有共性又有区别。

其共性是两者都是在一瞬间迅速地解决问题，表现出不连贯的跨越式思维特征。

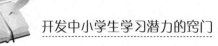

　　其区别在于直觉是对刚刚出现的问题，在短时间作出迅速而直接的判断和抉择；直觉思维的出现是在思考者神智清楚的状态，产生的原因是为了迅速解决当前的课题，思考的结果是在人的意料之中；直觉的出现只是找到了解答问题的方向与途径，尚处于问题解决的起点。直觉主要借助于知识、经验解决问题。灵感的产生常常是在对某一问题百思不得其解之后，由于偶然事件的触动，豁然贯通，刹那间顿悟；其出现是长时间孕育、思考的结果，灵感出现时，思考对象常常不在眼前；出现方式具有突发性、短暂性、出人意料而又稍纵即逝；其结果与解决的问题是相互联系的，灵感的出现是问题解决的终点。

　　从俄国化学家门捷列夫发现元素周期律的事例中，我们可以看出这两种思维方式的区别。

　　作为万物之本的元素到底有多少种？它们之间是彼此孤立的还是互相联系的，是毫无秩序的还是有内在规律的？元素之间的性质差别有没有规律？从 18 世纪中叶至 19 世纪中叶的 100 年间，不少科学家都在探索这个难题，为此做出过许多尝试，但一直都没找到头绪。

　　俄国年轻的化学家门捷列夫也一直潜心于探索把元素的原子量与其特性联系起来的内在规律。在众多科学家艰苦探索而得到的丰富资料的基础上，门捷列夫经过 20 年的辛勤努力，终于在 1869 年 2 月 17 日这一天，完成了对元素周期律的发现。

　　这一天，门捷列夫计划编写《化学原理》碱金属之后的碱土金属。突然，脑子里闪现一个想法：难道不能以元素在原子量的差别为依据，把所有的元素归纳到一个总系统中去吗？正是这个直觉思维的闪光，让他为研究找到了正确的思路。

门捷列夫按原子量递减的顺序，将氧族、氮族、碳族元素编制成一张表，使常见的不相似的元素组紧密相连而原子量尽量接近。这样他就将63个元素中的40多个元素编成了一个"上表"，一个"下表"。为了方便、迅速、准确地把所有的元素都安插到已形成的元素总表中去，他的思维由平时爱玩的纸牌上得到启发，立即裁剪了几十张卡片，把各元素的符号与性质，如原子量、化合价等写在卡片上，后人称之为"化学牌阵"。他利用这63张卡片着手编制完整的元素总表。他把"化学牌阵"的编排过程和变动情况，都记录了下来，编成了从大到小按原子量递减的顺序排列的元素表"草表"。

随后，门捷列夫在沙发上打了个盹儿，而大脑中仍在想那个"草表"。在睡梦中，他仿佛看到一张按相反顺序排列的表，表中元素是按原子量递增顺序排列的。醒来后，他马上写下了在梦中看到的那张表。他在一些空格上打了问号，写上了该占有这些位置的未知元素的原子量。他把这张元素总表称为《依据元素的原子量和化学性质相似的元素体系尝试》。这天，门捷列夫完成了第一张元素周期表。

在以后的半个月里，他又一鼓作气地写完了关于元素周期律的论文《元素性质和原子量的相互关系》，阐述了周期律的基本观点。元素周期律很快传遍了世界，成为人们继续寻找新元素、总结化学体系的总纲。

门捷列夫最初的想法，是把现存所有的元素归纳到一个总系统中，这一想法属于直觉思维的闪光；后来在睡梦中出现了元素周期表，这便是灵感思维。如果用两句古诗来形容二者的区别，直觉宛如"心有灵犀一点通"，灵感好比"踏破铁鞋无觅处，得来全不费工夫。"

但二者又是有联系的。直觉思维往往需要借助灵感思维来实现其对问题的直接的快速的抉择；而灵感思维又常常需要借助直觉的启示而使问题得到突如其来的顿悟和理解。

第七章 开足潜力进行高效学习

学习成绩的好坏，关键在于学习效率的高低。而学习效率的高低又取决于你的学习潜力开发了多少。开足潜力进行高效学习，就是开动全部大脑参与学习的科学方法，成功地运用这种方法，就会助你既学得好，又感觉轻松自如。本章就介绍一些开足潜力进行高效学习的方法。

第一节 感官学习法

人的感觉器官都和大脑神经有着密切的联系，感觉器官接触过的事物都在大脑皮层留下一定的痕迹，如果眼、耳、鼻、口、手等多种感觉器官都接受同一信息，就会在大脑皮层留下很多"同一意义"的痕迹，当然比一种器官留下的印象深。所以发动多种感觉器官来学习，就会巩固记忆的痕迹，取得更好的学习效果。下面我们就介绍几种充分调动感觉器官来进行学习的方法。

1. 朗读学习法

学习新知识的过程中，第一印象最有价值。例如第一次见某单词时，应该查阅辞典，全力以赴准确地掌握该单词的意思和发

音。并且在明晰单词的意思之后，还必须在文章中再一次抓住其意思。不要孤立理解单个词意而要在文章情节中连贯起来掌握，如有可能最好朗读单词，这就是通过动作行为学习。大声朗读可以强化学习的内容。

朗读时，口里发音，耳朵听声，眼睛看字，大脑思维，多种感官同时运动，学习效果当然显著。

宋代的朱熹曾主张朗读，他说："凡读书，需要读得字字响亮，不可误一字，不可牵强暗记。"而且要"逐句玩味"、"反复精详"、"诵之舒缓不追，字字分明。"如此用功，自然就能深刻领会其材料意义、气韵、节奏，产生一种"立体记忆"的感觉。

朗读背诵学习法对于学习文学更为有益。一位著名的语言学家说得好："学中文的人，不能熟读朗诵千儿八百篇文章，就打不好基础，学出去也是个空架子。"朗读比默读收效大，因为朗读有声音节奏、语调顿挫，使学习有声有色，其神采和气韵都能铭记不忘。

学外语用朗读背诵学习法，比默念的记忆效果好。

美国俄亥俄大学心理学教授 H. F. 巴特和 H. C. 碧克两个人曾经做过实验，结果证明学习外文时，读出声的单词，易于留存较深的印象。朗诵学习比默念学习的效率可增加34%。学生可以利用一切机会，只要在不影响别人的情况下，出声背诵外语，这不仅可以增强学习效果，还可以提高口语能力。

2. 目视学习法

广义的目视学习包括所有以视觉为主，用看、观察的方式获取知识的一切学习活动。目视学法主要包括视读法、默读法、语调法、观察法、参观法几种形式。

（1）视读法，就是用视觉把书面符号传人大脑，然后，由大脑直接把它们转化成意义。朗读或默读是用视觉把书面符号传人大脑，然后由大脑反映出它们的语音形式后，再把它们转化成意义。从阅读的过程来看，视觉阅读比朗读或默读少了一个环节，所以，这种阅读方法的速度较快。视觉阅读要求排除默读的干扰。学习视觉阅读，可首先练习理解句子。例如在一些写法相似的单词中，迅速找出某个单词；在一个句子中，能够迅速找出某个词的同义词或反义词等。

利用视读法应注意催促自己尽量读得快一些；一眼至少要看5个单词；精力要集中在一句话的意思和各个意思之间的相互关系上；除看到生词、人名、地名、数字等需要停下来进行记忆外，眼睛应当在单词上快速移动，最快时甚至需要跳跃式移动；要一次阅读，不要回视；尽量少查词典，通过上下文理解生词；眼睛在上面停顿过一次的单词，第二次出现时眼睛不再停顿。

（2）默读法，是以目视为主、不出声的阅读，即通过限制音量以提高阅读学习速度，并促进理解和记忆的学习方法。

运用默读法的要点是要全神贯注。默读需要全部心智活动投入其中，才能取得良好的效果。全神贯注是有效阅读最需要的心理品质。它来自明确的目的性和良好的意志力。因此，应增强阅读的目的性和强化意志力的训练。

运用默读法，还需要注意阅读与思考结合。默读不需要考虑发音，有利于思维活动的进行，但这需要有效的训练才能实现。

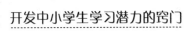

要注意减少回视。回视是一种重复阅读活动，它不仅限制了速度，也对内容的理解产生支离破碎的影响。因而减少回视才能最大限度地发挥默读的优势。

（3）语调法，是在视读或默读学习材料时，尽量通过语调来进行。语调是朗读者根据情节的变化，通过抑扬顿挫和节奏感，来烘托情调的外在表现。

运用这种方法阅读时，不必发出任何声音，但要让思维随着视线移动，在每个词语上回旋，用一种"内耳"听得见的语调节奏进行阅读。要带着丰富的情感投入阅读之中，采取欣赏的姿态进行阅读。要加强训练，使语调阅读形成习惯。开始练习时，可采取朗读方式，并带着夸张的表情去念，就好像演员在舞台上朗诵台词一样，这样可以在大脑中建立起自己的一些语调模式，默读时，就更容易"听到"这些语调。如此经过一段时间，即可掌握语调法。

（4）观察法分为直接观察与间接观察两种。直接观察指对读物所写的人、事、景、物进行现场观察。间接观察是指在不能直接观察读物所写内容的情况下，通过诸如照片、幻灯、图画、电视、电影等表现手段进行观察。

观察的方式很多，主要有长期观察法、重复观察法、比较观察法和隐蔽观察法。

长期观察法就是在比较长的时期中，对某些事物或现象进行系统的观察。因为客观事物有自己发展的过程和周期，有的周期长决定了观察的长期性，如学习气象知识，长期坚持观测天气等，就属于长期的观察方法。

重复观察法是指多次地观察同一事物或现象，以求得所获知识的精确性和深刻性。如有些事物的发展特别突然、迅速，而我们观察速度却跟不上事物变化的速度，在这种情况下就需要重复观察。

比较观察法，是用比较的思维方法去观察两个或两个以上的事物，加以对照比较，进行认真观察，以求找出事物的共性和个性，获得清晰的印象，继而抓住事物的本质。

隐蔽观察法，是在社会学学习和研究中常采用的一种观察方法。隐蔽观察是为了避免观察者对观察对象（指的是人）的影响，使观察对象在自然、放松的状态下被我们所观察，从而保证观察的真实性。

（5）参观法是指根据学习任务，有目的、有计划地到一定场所，对实际事物进行观察、研究，从而获得知识或巩固、验证已学知识的学习方法。

参观前要做好充分准备。主要是根据要求，确定参观的目的和地点，制订参观计划。计划中应包括参观的具体要求、观察的重点和进行的步骤，以及参观后整理材料的方式。参观过程中，应明确具体目标。要把注意力集中在重点观察对象上，适当做些记录，以便收集好有关材料。参观结束后，要及时进行总结。整理有关材料，把所获得的感性认识上升为理性认识。参观法能有效地使学习与实际生活紧密联系起来，丰富直接经验并扩大眼界，激发求知欲望。运用这种方法，可以使学习过程成为视、听、说、写并行过程，促进各种感官协调发展。

3. 耳听学习法

耳听学习法是指利用听觉器官进行学习。听觉学习分两个方面。

一是直接从客观世界的各种音响中、人的各种语言中获得知识，这是广义的听觉学习，还有一种是将作用于视觉的文字符号转化为有声语言，使声响作用于听觉器官，从而获取有声语言信息的一种方法。运用这种方法，视觉器官、发音器官、听觉器官都参与了学习活动，从而增加了对大脑皮层的有效刺激，因而有助于提高阅读效果，是一种重要的学习方法。

一般来说，声音信号比文字信号更具有音乐性、形象性和感染性，因此，耳听学习也就具有其独特的优势。概括地说，其一，有声语言的音乐性可以改善学习心境，变苦读为乐读；其二，在听读中细细品味，有利于对文章的思想感情和精微佳妙之处理解和鉴赏；其三，听读可以培养语感能力，提高语言修养；其四，可以提高记忆效率，甚至经久不忘。

随着科学技术的发展，各种视听手段的不断改进，听觉及其与听觉相关的学习方式越来越普及，因此，有目的地训练和提高听觉学习能力，掌握听觉学习的正确方法是十分必要的。

运用耳听学习法，一般要注重会意。不要把注意力过多地放在声调、音响或讲者的动作、姿态或某些缺点上，而要注意其表达的思想内容及其含义。这就要求思维高度集中，听清每句话的含义。在此基础上还要听出内容的重点、要点以及某些弦外之音。

运用耳听学习法，一般要注意调动激情。学习中听到的有声语言一般都是富于情感的，这就要求倾听者在讲者抑扬顿挫、声调起伏中理解其轻、重、缓、急，正、反、爱、憎。这样做不仅能加深对思想内容的理解，而且也由此受到情感的熏染，从而调动起学习的积极性。

运用耳听学习法，一般要注意保持清醒。清醒是听觉学习的较高要求。听觉学习不同于视觉阅读，一般没有重复的可能，这就要求始终保持清醒头脑，还要特别使自己的思维始终跟上讲述的速度，不但要听清每个部分与细节，特别要把握住学习内容的总体结构与思路。这里所说的思路，就是讲者围绕中心所展开的思维线索。

4. 全息学习法

全息学习法是指借用"全息摄影"的原理实施学习的方法。

全息摄影是一种记录被拍摄物体反射或透射光波中的全部信息照相技术。这种技术是摄影技术的一大进步，效果比普通摄影好得多。

全息学习法运用在学习知识上有很重要的价值。在这里，它并不是以摄像的技术方式出现的，而是以全息摄像的理念和原理来指导学习的。

一个优秀的学习者，既要善于了解学习内容的特点，也要善于了解自己学习的特点，只要明白自己属于什么样的学习类型。

通常，人们分属于下列三种不同的学习类型。

一是视觉型学习者。其比率约占学生总数的29%，属于通过

图像学习类型。二是听觉型学习者。其比率约占学生总数的34%，属于声音、音乐类型。三是触觉型学习者。其比率约占学生总数的37%，属于移动、触摸、行动类型。

一般来讲，了解自己属于哪一类型，哪一类型就是自己的"强项"，其他则属于"弱项"。当然，经过训练，"弱项"也可变成自己的"强项"。这就需要我们既要发挥自己的长处，又需弥补自己的短处，以使自己成为一个较为全面的优秀学习者——全息型学习者。

全息型学习者借用全息技术的方法学习，其效果绝不是简单的增长，而是一种几何级数增长的效果，这应该引起我们的高度重视。

运用全息学习法，要注意将重要的内容置放于当时现实场景，用摄影的方式印记于脑海中，则记忆体会随着从大脑图像中被连同提取，这既便于记忆，又不易遗忘，且有诸多参照物，会有各种信息提示线索，促使回忆重新活跃。所以我们可以使用这一方法加强印象，达到牢记的目的。以上方法同样可以运用到具体某一事件的过程或运动中的某一场景。这些参照物的前因后果都给自己留下了线索，以便于以后顺藤摸瓜，迅速回忆起来。越是典型的场景，越是刺激的运动，越是特殊的情形，记忆效果就越好。

第二节　联系学习法

联系学习法是运用事物之间的联系进行学习的方法。事物之间存在各种关系，如正反关系、统一关系、对立关系、包容关系。古代的"举一反三"、"落叶知秋"、"见微知著"等等都是良好地运用了事物之间的联系的事例。联系学习法符合大脑的工作原理和认知规律，能充分发挥全脑学习的优势，有利于开阔学生的思维，加深学生对知识的理解。

1. 横向学习法

横向学习法，就是指把当前所学内容与自己已有的相关知识联系起来进行横向比较、分析和综合，并使现有知识横向扩展，从而建立有机统一的知识结构，使所学的知识系统化的学习方法。该方法充分发挥了右脑的想象功能和左脑的逻辑功能，使全脑协同运作，因此能收到较好的学习效果。

横向学习往往是在互相联系的各学科之间进行的，学习物理、化学可以联系数学，学习语文，可以联系历史。更大范围，学习文科可以联系理科，反之，学习理科也可以联系文科。如数学、物理、化学和生物等学科中蕴藏着丰富的辩证唯物主义思想、观点和方法，因此学习《辩证唯物主义常识》便可回忆过去已学过的有关数理化知识，在辩证唯物主义思想和数理化的基础知识之间建立一种有机的联系。

横向学习法的一般过程是：

第一步：提出确立联系的主要目标。

第二步：回忆已有知识。

第三步：对相关知识进行分析和比较，即建立联系。

第四步：总结，弄清知识结构。

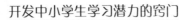
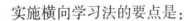

实施横向学习法的要点是：

（1）掌握内容中的重点难点。因为，学习内容的部分知识一般总会与其他知识存在或多或少的联系，如果一概横联，势必浪费时间，影响学习速度。所以，哪些内容该联，哪些内容不该联都要事先做好安排。当然，联系本身并不是目的，而只是手段，联系的目的应在于发现知识的内在规律。深化认识，掌握知识结构。因此，要把抓知识结构的组合和形成放在首位。

（2）建立完整的知识结构。建立完整的知识结构法是指根据学习需要截取"横面"，或一个专题，或一个问题，也可以是一章、一节。然后参考几种学习材料中有关这一问题的内容同时进行对比学习和记忆。实践证明，运用这种方法可以在短期内找出不同材料的共同特性，是一种快速、高效的方法。

（3）运用"横向验证法"，也叫"相关学科验证法"。横向验证法就是利用相关学科知识互相验证来进行学习。例如地理学科既有文科特色，又有理科风采，与其他学科之间是相互渗透，有横向联系的。我们可以借助于其他学科相关的知识来追根溯源，旁征博引加深理解，培养训练思维能力。

2. 纵向学习法

纵向学习法是在学习时，按照事物间的纵向联系进行思考学习的方法。该法同横向学习法一样，也是根据人类学习的生理和心理规律而设计，能够充分调动人的想象力和思维力，是一种高效的全脑工作的学习方式。

任何事物都不是孤立存在的，而是同周围的事物存在着纵横交错的关系，书籍和文章也是如此。因此，学习时就不要将内容孤立地、割裂地进行。而要联系有关的词句、有关的部分、有关的文章、有关的知识等加以思考，从而加深理解，提高认识。

运用纵向学习法，有助于搞清事物间的因果、条件等内在联系，或发现读物前后之间存在的层递、总分、从属、照应等种种内在联系，对深入理解学习内容，系统地获得某种知识，都有很大的作用。

我国著名数学家华罗庚先生在谈到他的读书经验时说："在对书中每一个问题都经过细嚼慢咽、真正读懂之后，就需要进一步把全书各部分内容连串起来理解，加以融会贯通，从而弄清楚什么是书中的主要问题，以及各个问题之间的关联。这样，我们就能抓住全书的基本线索，贯串全书的精神实质。"

溯源学习法是一种纵向的挖掘式的学习方法。"溯源学习法"在其运用过程中，往往可以划分为两种形式：一种是对文章引文出处的追踪考查；另一种是对某项知识不同阶段，特别是对它的最初形成情况的探溯研究。

追踪学习法也是一种纵向学习法，是在学习中抓住问题一追到底，并在这种追踪学习中不断扩大学习范围的一种方法。追踪法的基本步骤为：

一是循"题"而读。即用书中所要解决的问题作引导，推动阅读的步步深入，从整体上把握全书的精髓。

二是挈"题"索知。即针对日常学习和工作中的问题，特别是带着各个领域中的新问题，及时向有关联的书刊咨询索解，直到获得满意答案。

三是觅"题"参照。即主要从一本书中索取问题，然后参照同类的和相关的书阅读，这有利于兼收并蓄各书之长，舍弃书中的偏见和谬误，逐步形成自己知识积累的优势。

四是"抱"题深究。这是一种较高层次追踪问题的读书方法，即抓住问题，进行深入的探索和追究，尽早跨入创造之门。

3. 追忆学习法

追忆是指通过巨大努力和积极思维活动，并借助于一系列中介性联想而实现的回忆。该方法是根据人类右脑的功能和作用设计的，充分发挥了右脑想象及感性的特长。追忆学习法是学习的基本方法之一。

追忆时可以自觉地利用中介性的联想，即事物的多方面联系去寻找线索。有时可以利用事物间的外在联系，如相似、对立、接近等联系进行追忆；有时则运用事物之间的本质联系，通过推理进行追忆；也可以利用再认来追忆。

追忆学习法在实际运用中形式灵活多样，这里介绍几种有代表性的方式方法：

（1）一页回顾法。一页回顾法是英国作家托马斯－麦考莱使用的学习方法。他对这种方法作了如下描述："当我念到第一页底下时，总让自己停下来讲一讲这一页的内容。"麦考莱的方法没有什么复杂的内容，只是在读到每页结尾的地方，问一下自己："简单地说，作者在这一页里讲了些什么？"

运用这种方法的突出优点是：可以更加集中注意力；可以训练和加强记忆能力。

（2）回忆消化法。回忆消化法是作家巴金在养病住院期间使用的一种读书方法。回忆消化法是一种奇特的读书方法，因为它是在没有书的情况下进行的。所谓回忆消化法，就是静坐在那里回忆曾经读过的书。这样做有许多好处：

①不受条件限制，可以充分利用时间。回忆法在一些不具备读书条件的情况下仍然可以"读书"。

②温故而知新。通过回忆，将过去读过的书拿出来一点点地咀嚼，就像牛反刍一样，能进一步消化吸收。每回忆一次都会有新的理解，新的认识，新的收获。

③能够不断地从已读过的书中汲取精神力量。

（3）"大回忆"法。"大回忆"法是英国历史学家，《罗马帝国衰亡史》一书作者爱德华经常使用的学习方法。

据说每当吉本在开始阅读一本新书或研究某一课题之前，常常独自一人在书房里待上几个小时，或独自作长时间的散步来回忆自己脑中所有与当前将要阅读或研究的内容相关的知识，有时候，除了思考主题思想外，还会联想到许多别的思想和思想片断。

这种方法，实质上是一种有组织地运用背景知识进行学习的方法。运用这种方法的具体操作过程是将脑子里有关与当前主题相关的想法提到最前面，以备随时应用；把自己过去的思想作为吸引新思想新信息的具有吸引力的中心；集中精神学习和研究。

（4）"放电影"法。"放电影"即形象回忆已经学过的学习内容。"放电影"的时候，既不看课本，也不看笔记；既不说出声，也不写出字；全凭脑子想，让学习全过程在头脑中重现一遍。通过"放电影"，可以检查自己听课的效果，可以发现自己知识的薄弱环节。通常，能回忆出来的，基本上是自己已经懂了的部分，回忆不出来的，是自己没有弄懂或没有掌握好的内容，是自己知识的薄弱部分，在以后复习中力求予以补充。通过"放电影"，可以提高自己的记忆能力。闭目思想一遍，比睁眼照书读 10 遍的记忆效果还要大，因为，回忆的过程，是思索的过程，每重现一次就是记忆的一次强化。

4. 扩展学习法

扩展学习法是通过不断扩展学习内容或领域以提高学习效率的方法。该方法能够同时调动人的感性认识和理性认识，使右脑和左脑同时发挥作用，令二者协同工作，所以能取得较理想的学习效果。运用扩展学习法一般包括以下两个方面：

一是扩充学习内容。可以从具体问题开始，如某个基本概念、原理、公式、实验现象等。从这个起点学起，围绕学习内容，逐步拓宽学习范围，这样经过一段时间，就基本解决了要学的内容，同时还学到了与之相关的知识。在学习中还会遇到一些新的概念、原理、公式等，再以此为起点，围绕它学习有关知识，直到问题解决。以后依此类推，这样，从一点学起，让学习内容不断扩充，学识水平不断提高，使学习成为从点向线、面、体、网络的扩充过程。

二是扩散阅读范围。这种方法的特点是由此及彼，由点到面，从中心读物出发，辐射式地向四面八方扩展，带读一大批参考读物。

最早提出这种方法的是教育家夏丏尊。他举阅读《桃花源记》为例：《桃花源记》是晋代人陶渊明写的，假如要知道这篇文章在文学史上的地位和昔代文学的情况，可以去看中国文学史；这篇文章体现了一种"乌托邦"思想。什么叫"乌托邦"？美国的空想社会主义莫尔1516年写过一本叫《乌托邦》的书，可以把这本书拿来，与《桃花源记》以及中国文学史中晋代文学部分对照起来阅读；《桃花源记》是记叙文，如果想要明白记叙文的结构、写法，就要翻看有关记叙文写法的书；如果想了解陶渊明其人，就去看《晋书·陶潜传》，也可以翻看《陶渊明集》。这样，由读《桃花源记》一篇文章就引出了一大串的书来。

运用扩展学习方法，一般有以下两种具体形式：

（1）滚动式扩展学习法。滚动式扩展学习法又称滚雪球学习法。这是一种按照学习兴趣或欲望点的延伸进行学习的方法。运用这种方法学习，学习范围就像滚雪球一样，越滚越大。比如，读小说《红楼梦》时，假如对古人饮酒行令的事有兴趣，便去找《中国烹饪史略》读。读到我国的酒各具风味时再去找有关我国民俗方面的书读。又比如学习《孔雀东南飞》这首古诗时，你对刘兰芝的服饰感兴趣，很想进一步了解，就可找《古代的衣食住行》等书阅读，读后又想了解古代的礼仪，可再找《古代文化知识要览》等书阅读。但要注意，当"雪球"滚到一定程度时，切不可死钻牛角尖，可横向选择新的突破点滚下去。无论怎样滚法，都应该尊重知识发展的自身规律，以已有知识作基础，来决定"雪球"的滚向。

（2）纵横式扩展学习法。纵横式扩展是以已学过的知识作基

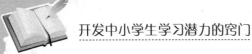

础，向纵横两方面延伸，以加深与巩固原有知识，并创造新的知识。匈牙利女翻译家卡莫·洛姆布就是用这个方法在 25 年中学会使用 16 种外语的。在具体实施中，一般采用类推法，就是利用事物的共同性质或特征，扩展到其他事物中去，进一步掌握新的知识。

运用扩展学习法能够充分调动全脑工作，有利刺激脑能的发挥，同时，对于我们尽快掌握所要学习的知识，不断拓宽知识领域和范围，培养学习兴趣，都是极有效果的。

5. 兼容学习法

兼容学习法是指运用兼容的手段把知识学活用活的学习方法。兼容法是对综合能力的培养、训练和运用。它能够充分发挥右脑联想功能、形象功能和左脑逻辑功能，使学习内容同时从感性渠道和理性渠道映射到大脑皮层，并有机地交融在一起。

兼容学习法包括各个学科之间的兼容、知识内容与运用的兼容、平时积累和考试的兼容三个方面。

各学科之间存在着一定的或者相当多的互补、互通性，充分利用它们之间的关联，真正做到融会贯通。无论是语文、政治、历史、地理，还是数学、物理、化学、生物，它们都或多或少有相通或相似之处。只有把每门功课的内容弄懂弄通，这样，它们之间的内在或外在的关联才能很容易被发现、找出。

内容是硬件，真正掌握它，记住它，才可以自如地运用它。运用是软件，等于是一个操作系统，了解了这个操作系统，所学的知识才算真正把握。光懂、会记而不会用，几乎等于没有学，或没学好。所有的知识都是为了运用它才会去学的，不会运用，不是白费力气了吗？要用，还要活用。学用结合，学以致用，不能学用分开、学用脱节。日常还要注意平时积累，只有见多识广，适当多接触一些新的知识类型，头脑才能灵活了，思路也开阔。

在平时学习中，要抓住原理，彻底弄懂弄通，掌握分析问题的方法，在解决问题时，才能触类旁通，举一反三，得心应手，不攻而下。积累与考试是互相兼容的，考试促进积累，积累赢得考试，两者之间相辅相成，互相促进。平时也就是战时，考试不过是对平时学习内容的集中测试。如果平时学得好，理解得透，记忆得牢，运用得法，则考试一定成竹在胸，稳操胜券。

兼容法是从学习中总结出来的非常聪明的一种学习方法，具有极大的适用性。现在 IT 行业，人们极其重视兼容性。设计的软件大多可以和现行的电脑兼容，否则该软件的使用范围将大打折扣。对于学习来说，就如同大多数软件一样，越能兼容越好。它可以最大限度地发挥出学习的功效和所掌握的知识的优势。

在古代中国，司马迁既是大历史学家，又是大文豪。在古希腊，亚里士多德既是哲学家，又是科学家。这样的例子俯拾皆是，知识的兼容在他们身上表现得淋漓尽致。现在，知识的相互兼容带来学科和技术的相互影响、互惠互利愈来愈成为世界潮流。我们在学习中应该把握住这一潮流，让我们学习的知识更好地适应社会的需要。

第三节　创造学习法

创造学习法要求在学习中充分发挥创造能力，要求全脑开动，冲破传统思维方式的束缚，创造性地去吸收知识和运用知识，而且要在整个学习过程中随时发挥运用创造能力。创造学习法是科学的学习方法，也是有效地深入理解知识，引申创新知识的有效方法。

1. 创新学习法

创新学习法就是左右脑并用，充分发挥创造性思维的学习方法。

按人类大脑的认知规律，学习可分为两个阶段，一是对原有知识的吸收与理解阶段，二是对原有知识的深化、发展、创造阶段。一个人学习效果如何，能否成才，第二阶段学习是十分关键的。

创新学习法在实际运用中，主要有以下几种形式：

（1）启发和追踪。启发是指书本知识对人脑智力的直接激荡，学习中要以书本知识为工具，不但要学习知识，而且要从中获得创造性启示。追踪是对书本知识所提供信息的疑难点和闪光点进行捕捉。这种捕捉是一个追踪探索的思考过程，采用这种方法往往在分析问题、解决问题时捷足先登。

（2）综合和统摄。创造性的思维综合不是把各项知识简单加以堆砌，而是在分析的基础上，找出它们的本质属性加以归类整理，从中发现规律性的东西。综合，既要求在宏观上具有高瞻远瞩的能力，又要求在微观上具有入木三分的洞察力。从个别中发现一般，从部分中发现整体。统摄，是在综合基础上的提高，它应用高度的思维抽象能力对书本知识加以全面的概括，而这种概括又是有主有次，以某项知识为中心而展开的。现代社会，知识剧增，要提高驾驭信息的能力，由繁至简、以少胜多，就必须有高屋建瓴的统摄本领。

（3）辐射和多维。辐射指的是对书本知识的扩散。创造力越强，扩散的范围越广，成功的可能性也就越大。扩散思维的特点是多角度、多侧面、多层次、多结构的，它可以促进学习者向更广、更深、更新的方向开拓。多维不仅要求学习时视野要开阔，而且要求从某点知识想到面，从面到体，点面体并存，多路并进，形成一个完整互补的呈立体式的思维结构。

（4）反常和转移。反常是对书本知识的逆向思维。要疑人所不疑，想人所未想，创人所难创。它要求对熟悉的持陌生态度，对陌生的持熟悉态度；在不能中寻找可能，想一想书本上的结论是从何而来的，能否反过来，反过来后又如何，以反常的形式把书本上的知识向前推进。转移是对书本知识的改变和转换，把它移植到其他方面去，包括转化、适应、改变、重新组合等内容。即对已经掌握的书本知识，变换一个角度去认识；或是从知识链中抽取一环镶嵌到另一组知识序列中，以寻找新的联系；或是加以调整，重新排列组合，看看有什么变化。

2. 逆向学习法

逆向学习是指学习中充分发挥大脑的逻辑功能，有意识地运用逆向思维通过结论来分析形成结果的原因和根据，进一步从本质上理解与把握学习的内容。

运用逆向学习法的关键就是强调独立思考，一开始就能使大脑思维有充分的自主性和灵活性，不做书本的奴隶，不盲目相信作者。当然，这种思考和学习也不是完全摆脱学习内容，而是争取和学习对象进行探讨，要探讨就要有准备，先得对结论提出问题，并进行独立思考和求证，然后还要与书本对照，而对照过程也是一个深入思考和讨论的过程。

逆向学习法常用以下形式：

（1）逆向思考。逆向思考就是打破常规，反转过来，由果到因，从结论中去分析形成的原因和依据，这是尝试解决问题的一种方法。学习中，如能将顺向思维与逆向思维互变，可以相互检验、相互补充，则更有益于知识的掌握与创新。

逆向思维的具体做法根据着重点不同可分三类：一是反其意，即对文章的主旨、作者观点或传统评价进行逆向思考；二是反其事，即对文章的论据、事件、材料等内容进行逆向思考；三是反其法，就是对文章的论证方法、表现手法等提出不同见解。通过这种从相反的方向、目标或立场来思考问题的做法，可以使人从固有观念或习惯性思考中摆脱出来，从另一角度去观察事物，捕捉新的思考线索。

（2）逆转阅读。逆转阅读就是把书本上的知识活学活用，不仅看到知识的正面，还要看到它的反面。这样做，往往会获得意想不到的成功。

逆转阅读法可分论点的逆转和论证的逆转两种。

　　论点的逆转一般是对原论点进行彻底否定的逆转。波兰天文学家哥白尼提出的"天体运行论"，就是针对传统的地心学说理论进行论点逆转学习与研究的结果。运用论点逆转要注意客观事物内在的规律，不能随心所欲，含糊其辞。特别是对被逆转的原论点要有清醒的认识，实事求是，不走极端。

　　论证逆转一般涉及整个论证过程的逆转。如倒叙手法，就是对顺叙手法的逆转；间接描写，就是对直接描写的逆转。此外，实写与虚写，直率与婉转，正语与反语等都是逆转关系，学习时，如采用论证逆转法，则能更加深刻地理解学习内容。论证的逆转在自然科学领域更是一种有效方法，如数学中的反证法，就是一种典型的论证逆转。一个命题可以从正面论证，也可以从反面论证，特别是当正面论证有困难的时候，反证法就更有效。

　　（3）逆向推理。逆向推理又称还原、倒推。其基本含义是指学习者把事物和问题的形成、发展顺序颠倒过来，由末到头，逐步还原，最终作出判断和解决问题。逆推是与顺推相对而言的。一般来说，人们在学习中的推理是由头至尾地展开的。逆推法打破了这一常规，学习者首先加以考察的是事件的结局和问题的结果，然后再逐层向前推进，一直追溯到事件的发生和问题的开端为止。如果说顺推注重的是"怎么样"，那么逆推则是要解决"为什么"，两者的侧重点不一样。

　　逆推法的主要优点是可以使学习者更深刻地去领悟事件或问题的发展过程，同时也有助于学习者更有针对性地去捕捉重要信息。学生解平面几何题时，从求证的问题出发，寻找需要的条件，就是运用逆向推理法。

3. 原创学习法

原创学习法是指自己在读书学习的实践过程中根据自己大脑所属的类型和特点，不断探索，创造出来的最适合自己的方法。原创学习法又被称为自创学习法、主创学习法。这是一种积极主动的方法，其意义不完全在于自己创造了什么学习方法，更重要的是在于释放和开发自己的脑能和建立起自己积极进取的、充满活力的理念和心态。

司马迁说"究天人之际，通古今之变。"人生贵在表现自己的价值，要想做到天生我才必有用，就要做个"知识资本大亨"，当今的人才需要掌握丰富的现代科技文化知识和精明强干的作风及聪慧的头脑。

摸索属于自己的原创学习法，要注意输入自信意念，并充分自由发挥。学习的最高境界就是进入自由发挥的境界。我们通过自己的努力，不拘一格，游刃有余，学以为乐，不以为苦。我们可以根据自己的喜好、特点，去总结、创造学习方法，但要切记，不要为创造而创造，学生学习应以"学"为主。

4. 改造学习法

改造学习法是指对学习的观念、行为与方法等进行改造，以适应知识经济时代新型学习的方法。它以现代全脑开发的研究成果和理论为指导，是一种比传统学习方法更科学更有效的学习方法。

（1）观念改造。国际一体化、全球化、地球村时代的到来，中国面临着更多的机遇和挑战，教育也有与国际接轨的问题。但每个国家的国情不同，国力不等，人口、素质、经济、环境等不同，不能一味照搬国外经验，也不能一味故步自封。

学习正进行一场深刻的革命，即脑能科学革命。脑能科学革命，刷新了科学教育的历史，让大脑开发与潜力发挥出来，让国际最新科技教育成果与中国优秀教育有机结合起来，为我们所用。

（2）行为改造。改造就是从大脑观念开始，进行改革与创造，改造或改良传统的学习模式，提出以人为本的思想、观念，强调学习的主动性、积极性。

传统与新型的关系是辩证的继承关系。读书学习与历史一样不能割裂开来，它们有着继承性、延续性。学校的课堂上不灌不行，满堂灌也不行，全堂不活不行，全堂活也不行，这里有个恰到好处的辩证关系。

变被动为主动，从消极接受到主动发挥，这是根本性的学习转变，一变定终身。

变配角为主角，学生从一个从属地位上升为主导地位，这个主导的意思不是代替老师的教学地位，而是在学习中扮演更积极的主要角色。

（3）方法改造。如果后进同学感到学不如人，这其中一定有原因，其他外因或许没有办法改变，但内因是可以改造的。所以有人说事在人为。只要内在的因素激活了，就一定能获得根本性转机，因此对自己要有充分的信心！学习的内因很大一部分反映在学习、读书的方法上。

优秀的学生同样要知道学习无止境，有个更上一层楼的问题。所以对传播的学习方法都要有个审视、检验、改造、接纳、创新的问题，尤其是后进同学更是如此。

这些方法包括多方位、多层次、全面、全息的方法体系，而不仅仅是指课堂上的听课和课后的作业，它要求建立一个比较完整、完善的强有力的学习系统。这主要表现在大脑开发、学习方法、知识维新、智慧孵化、潜力开发等方面。

5. 发现学习法

发现学习法是以全脑开动，双脑并用为基础的，是一种较高层次的主动学习法。在学习中，勤于思考，善于钻研，发现规律，帮助理解和记忆，也就是说学习者通过对材料的深度学习，从而掌握某些规律性或特殊性的东西。

（1）接受学习。学生通常采用的是这种办法。由教师传授知识，或者自学知识内容，对资料掌握、吸收，然后变为自己的知识。它又分为低级接受学习和高级接受学习。

低级接受学习：被动接受，照搬书本，牢记教师传授的内容，囫囵吞枣，不求甚解。

高级接受学习：重组知识结构，通过分析、思考，将知识融会贯通，变成自己的知识。

（2）发现学习。发现法分为普通发现学习和高级发现学习两种形式。

普通形式：对知识进行处理，找到某些易于把握、理解、记忆的规律和特点，有利于对知识的占有和运用。如果说接受学习可以通过对知识内容把握，融为自己的知识，建立牢固的知识基础；那么。发现学习法则是得到知识新的增长点。

高级形式：这是人们从内容中获得更高层次的启发和创造。人们的发明、创造大多建立在他人的知识成果基础上，而不是无本之木、无源之水。

发现法对学习的意义在于加深理解、掌握本质、融为一体、记忆牢固、触类旁通，在书本知识消化理解的基础上，有自己新的发现，新的创造。

发现法必须具备几个前提条件：坚实的学习基础，厚重的专业根底，活跃的思维方式，激情的表现冲动等。

在所有的学习活动中，我们都可以开动全脑、主动思考、积极提问。这不仅会对知识有深刻的领会，还会获得许多深层次思考的成果，若能做到这些就已不是单纯的"学"，而是真正的"悟"了。

第四节　合作学习法

合作学习是 20 世纪 70 年代初兴起于美国的一种学习方法，它要求在学习中多人合作、互相帮助、互相启发、进行互动、该方法能够充分调动人的各种感官，从而从多个渠道将知识输送大脑，所以能记得更快更牢，备受世界许多国家推崇和喜爱。

合作，是人类社会的普遍现象，人与人之间的合作是必不可少的。在学习上，合作是一种比知识更重要的能力，是一种体现个人品质与风采的素质，是素质教育的重要内容。合作学习是一种群体智慧的交融，能够更有效地释放脑能和促进学习的创新和成功。

1. 群体学习法

群体学习法能够调动多人的多种感官，并给学习蒙上情感色彩，和创造图像化的学习情景，有利于调动右脑的发挥，从而收到更好的学习效果。

运用"群体法"学习，具有以下诸多优点：

第一，学习群体是自愿组成的，有较高的积极性，这种积极性对于学习群体的生命力是甚为重要的，而且，成员之间彼此兴趣相投，更能增加学习群体的凝聚力。数学家大卫·希尔伯特认为："这种学习方法比钻在教室或图书馆里啃书本不知要好过多少倍。"

第二，要研究一门学问，往往需要许多的横向知识，几个知识结构不同的人在一起学习研究，可在较短的时间里掌握许多学科的知识。

第三，学习群体采用讨论的方式学习，每个人都能从他人的发言中受到启迪，激发思维能力，而且通过争论，还能开阔思路。

"群体法"主要体现的是思维方面的"频率"相投，这种相投不受年龄、家庭环境、个人性格的影响。为什么会有思维"频率"的相投呢？

首先，从宏观上看，人的思维是分等级、分类型的，在等级和类型上相同或相近者就容易"共振"。

　　其次，人们都有一个共同探讨问题的强烈愿望，喜欢运用自己的知识与别人的知识去融合。彼此发生"共振"，并在此基础上有所收益，是"群体法"的宗旨所在。

　　实施群体学习法的具体形式可以由各个学习群体根据情况来定，一般有以下两种。

　　（1）"沙龙"型学习法。"沙龙"的含义是非正式小型聚会。沙龙学习，即利用较松散的沙龙群体，由每个成员介绍自己近期学到的知识或正在思考的问题，提出一些与这些知识有关的想法，其他人就这些问题补充、评议并归纳总结，同时也可引出一个新的问题展开讨论。

　　（2）组织型学习法。组织型学习这一概念是由一位美国管理学家针对知识经济时代的到来，为企业适应竞争形势提出来的新概念。它的基本含义是："人们可以不断扩充自己的能力，以实现自己真正的梦想。在这里，人们可以培养又新又广阔的思考模式，使共同的抱负有了挥洒的空间，也可以不断地学习如何与他人共同学习。"

　　专家们认为，在现代社会，除了组织型学习这一方法外，再没有其他的竞争优势能经得起考验了。换句话说就是，要在知识型经济体系中获得成功，必须先克服组织上的学习障碍，建立具有共同学习取向的组织形式；只有学得比别人更快，才有参加竞争的机会。

2. 交谈学习法

　　交谈学习法，是一条重要的学习渠道。我们日常中的许多知识、经验，往往是在交谈中获得的。可惜不少人对交谈的学习意义重视不够，没有有目的地用交谈方法进行学习的习惯，以至于丧失了许多宝贵的学习机会。交谈学习法正是针对这种情况提出的，主要是以提高交谈自觉性为特征的学习方法。

所谓交谈学习，就是学习者有意识地通过和周围的人进行谈话，以此巩固已学知识并获取新知识。

交谈学习可以从共同阅读的材料开始，也可以从自己在学习中遇到的疑难问题开始。在交谈中要虚心听取对方的意见，补充自己在记忆上、理解上的弱点；同时要抓住机会说出自己的感受和收获，做到相互交流信息，相互激励和启迪。

交谈学习不仅可以使学习者获得更加完整客观的知识，而且也有助于增强学习者对知识的记忆和运用，提高对学习的自信心。交谈的形式，可以是两个人进行的对话，也可以是多人参加的集体交流。但无论哪一种，都要求学习者首先具备相当的倾听能力。

听，不仅是"谈"的基础，同时也是个人汲取知识的主要手段，这就要求在倾听别人的谈话时要做到以下几点：

（1）全神贯注。全神贯注不仅能使自己听得清、记得牢，而且能对讲话者起鼓励和激励作用，使对方的智慧火花充分放射出来。

（2）注重倾听对方谈话的含义。不过分挑剔枝节问题，如不挑剔别人的口才、口音和口气。要时刻想着"从他的谈话中，我能得到什么知识"，从中吸取一切能为我所用的东西。

（3）听其言，观其色。倾听者如果善于听言观色，便能把别人的表情动作和自己的思想感情沟通在一起，要生动而深刻地接受和融会别人所要表达的东西，使一切重要之点在自己头脑里打下深深的烙印。

（4）耳手并用，调整思维。据测，人的思维速度，比说话要快三四倍，遇到谈话缓慢的人，思维更是大大跑在耳朵的前面，这就需要随时调整我们的思维，包括思维的速度、广度和深度。可以耳手并用，边听、边看、边写，记下别人讲话的精髓之处，写下自己感觉最深之点以及自己有创新思维的见解。

此外，运用交谈学习法还包括以下三种形式：

（1）争论。争论为什么能增强学习效果呢？这是因为在争论一些问题时，大脑处于兴奋状态，争论越是激烈，就越能促使双方回忆识记过的材料。这样，在争论中，双方都加深了印象，错误的得到纠正，正确的得到承认，记忆由此得到了巩固。再则，即使记得正确的知识，与人交谈争论也会延长储存期，这是因为争辩强化了你头脑中对这一知识的记忆。

（2）辩论。著名科学家杨振宁说，美国的教师鼓励学生提问，鼓励向最了不起的权威提出质疑。美国的学生在学习中热衷于吸收各学科的成就，热衷于辩论，从而获得迅速的进步。而中国的学生在学习中往往是全盘的接受，他们的老师不喜欢学生的想法与自己有稍稍相悖之处，学生们习惯于接受而不习惯于质疑和考证，因此，老师们以拥有丰富的知识而自豪。因此，杨振宁主张，中国的学生应该学习美国学生那种敢于怀疑，敢于创新，以兼收并蓄为主的学习方式，应该勤于辩论，把辩论放在与学习同等地位上去。

（3）议论。就是用讨论、议论的形式进行学习。培根说："会谈使人敏捷"，就是针对这种学习而言的。用于读书学习的议论方法也称议读法，这种方法的主要价值首先在于它可以把自学发展为互学，扩大见识，加深理解，彼此提问，各抒己见，互相启发，能弥补独立阅读的不足；其次，可以发展评论和批判能力，培养敢于思考敢于争辩的性格。在议读时，要迅速明确议题的要点，迅速组织论据，具体论证，敏捷表达，这是发展智力的好方法。

3. 互助学习法

互助法是在学习中利用与同学之间的联系、互相学习的方法。它包括自助、助人和他助。

自我传播，自言自语，或者把自己置身在现场大声复述，或者由知识的"我"向本位的"我"复述、讲解、传授所学的知识，通过语言、行动等进行学习。知识的"我"要像老师那样尽职尽责去传授。如遇困难，可以中途随时停下来，去重温和思考，掌握以后，再接着传授。这种方式也就是自言自语，不要担心自言自语会被人笑话，这也是心理能量释放的一种方法。

帮助别人，也是一种加深自己对知识理解的方法。助人可以加深自己对知识的理解、把握和记忆，将自己的成果与他人分享。既可赢得友情，又能巩固知识，同时在传授时，易于激起思想的火花，他人也能给自己以启发。

借助他人的知识帮助自己学业有两种途径，一是有困难，向他人请教；二是在复习考试时，常听听老师的提示；三是善于在和同学们的交流中，注意学习别人的长处，比如他们如何抓重点，如何解决难题，如何把握考试重点等。

另外，平时学习，也可以借用成绩好的同学的笔记、心得以及带有记号的书面资料等，直接吸收他们学习的经验，节时、省力，一点就破。和同学互换学习方法、卡片、资料，通过比较，吸取他人长处，取长补短。也是一个比较理想的方法。参加学习小组，听取同学们讨论的内容，如有疑问，及时提出进行讨论，这样可以较多发现问题，比自己单独学习更有张力和效果。这就是借助他人的智慧提高自己的学业，考试前大家共同复习，考试时的命中率就会相对较高。如果没有这样的学习小组，用电话方式也可以达到"借脑"的目的。

一个优秀的学习者会把握机会适时地求助他人或帮助他人。通常人们要学习的内容，已经有人学过、思考过或做过，因此，在确定目标，制订切合实际的计划之后，就可以请有关热心的人士帮助，以便获得有益的建议、辅导，得到一些有用的信息。物色一位能够帮助自己的富有热情的指导者非常必要，他能够指导自己较快获得成果。而自己也应该在别人需要的时候，充当这样的角色，助人为乐。

在互助学习的过程中，要注意把握好指导与被指导之间的分寸。尤其是在接受时，会遭遇一些贬损或操控的倾向，这就要求我们既要有良好的心理素质，又要有一定的鉴别能力，还要有合情合理的处人气度、处事态度与为人风度。